Crina Alina De Smet

Proteção das crianças na União Europeia

Crina Alina De Smet

Proteção das crianças na União Europeia

Imprint

Any brand names and product names mentioned in this book are subject to trademark, brand or patent protection and are trademarks or registered trademarks of their respective holders. The use of brand names, product names, common names, trade names, product descriptions etc. even without a particular marking in this work is in no way to be construed to mean that such names may be regarded as unrestricted in respect of trademark and brand protection legislation and could thus be used by anyone.

Cover image: www.ingimage.com

This book is a translation from the original published under ISBN 978-3-659-82913-0.

Publisher:
Sciencia Scripts
is a trademark of
Dodo Books Indian Ocean Ltd. and OmniScriptum S.R.L publishing group

120 High Road, East Finchley, London, N2 9ED, United Kingdom
Str. Armeneasca 28/1, office 1, Chisinau MD-2012, Republic of Moldova, Europe
Printed at: see last page
ISBN: 978-620-8-18565-7

INTRODUÇÃO
Lema:
......"A criança não cria o mundo adulto, mas é criada por ele".

"A criança deve dispor dos meios necessários ao seu desenvolvimento físico e mental normal;

A criança que tem fome precisa de ser alimentada, a criança que está doente precisa de ser ajudada, a criança que tem um atraso de desenvolvimento precisa de ser apoiada, a criança que cometeu um delito precisa de ser apanhada e a criança órfã e sem abrigo precisa de receber abrigo e ajuda;

A criança deve ser o primeiro beneficiário da ajuda nos momentos difíceis;

A criança deve ser apoiada para ganhar a vida e deve ser protegida de todas as formas de exploração;

A criança deve ser educada no espírito das suas próprias capacidades para que possa ajudar as pessoas".

[1]Trata-se de cinco disposições de redação simples que ficaram conhecidas como a Declaração de Genebra e que se referem aos deveres exclusivos dos adultos para com as crianças. A criança foi protegida na medida em que os seus direitos foram reconhecidos, mas continuou a depender dos adultos para manter esses direitos. Mas o que é que nós fazemos pelas nossas crianças - pais, avós, irmãos, tios, professores, mentores? Como as protegemos, como as educamos, como as amamos, como as orientamos, como lhes damos acesso à vida cultural?

O interesse pela criança enquanto ser humano de pleno direito é um dos contributos mais importantes do século XX para o desenvolvimento da humanidade. Nada é mais natural num século anunciado por Ellen Key como "o século da criança" do que os numerosos debates e discussões sobre a natureza dos direitos associados à criança e à infância. A preparação das decisões relativas à criança foi cada vez mais efectuada na ausência da criança.

As questões relativas às crianças eram frequentemente consideradas apolíticas e, por conseguinte, não eram incluídas nas decisões políticas. Na segunda metade do século XX, registou-se uma compreensão crescente das necessidades psicológicas das crianças e o reconhecimento de que as crianças são vítimas de violência.

a infância como um valor em si mesmo. Ao mesmo tempo, tornou-se claro que os interesses da criança diferem por vezes dos interesses dos seus tutores - muitas crianças são mesmo sujeitas a um tratamento inaceitável nas suas famílias.

Com base nestas constatações, o presente estudo, dividido em quatro capítulos, aborda várias questões relacionadas com a proteção das crianças, fazendo referência não só à Convenção das Nações Unidas sobre os Direitos da Criança, mas também a outros instrumentos jurídicos que se revelaram de grande utilidade para todos os cidadãos da UE.

---

[1] Eglantyne Jebb, fundadora do Save the Children Fund, afirmou: "Acredito que temos de reivindicar certos direitos para as crianças e defender o seu reconhecimento universal.
Em 1923, resumiu os direitos da criança numa declaração de cinco pontos - a chamada Declaração dos Direitos da Criança - que foi adoptada por unanimidade pela Assembleia Geral da União Internacional "Save the Children". Foi adoptada pela Liga das Nações em 1924.
Os cinco pontos ficaram conhecidos como a "Declaração de Genebra". O documento destinava-se a oferecer proteção às crianças que se encontravam numa situação particularmente trágica após a Primeira Guerra Mundial.

Como já foi referido, o primeiro capítulo desta tese é dedicado à Convenção das Nações Unidas sobre os Direitos da Criança, analisando o seu desenvolvimento, bem como os actos jurídicos adoptados ao longo dos anos que conduziram à necessidade desta convenção.A Convenção das Nações Unidas sobre os Direitos da Criança foi adoptada pela Assembleia Geral das Nações Unidas em 20 de novembro de 1989. Até à data, a Convenção foi adoptada por 194 países membros das Nações Unidas (exceto os EUA e a Somália). Todos os Estados que assinam a Convenção reconhecem o seu conteúdo e comprometem-se a respeitá-la e a aplicá-la corretamente.Considerámos importante a apresentação da Convenção no primeiro capítulo do trabalho, enquanto todos os outros actos jurídicos normativos de regulamentos europeus nacionais ou internacionais que serão adoptados posteriormente devem ter em conta o interesse superior da criança e ter como ponto de partida o respeito e a proteção dos direitos da criança, como a Convenção das Nações Unidas sobre os Direitos da Criança.

No segundo capítulo, apresentamos a jurisprudência do TEDH no domínio da proteção das crianças. Trata-se do respeito dos direitos humanos fundamentais e, em especial, dos direitos da criança, mas também das obrigações que os Estados-Membros da União Europeia têm de cumprir.No segundo capítulo do presente documento, abordámos igualmente a questão do direito de visita e de guarda à luz da jurisprudência do TEDH, uma vez que o Tribunal Europeu dos Direitos do Homem fala frequentemente de uma margem de apreciação da autoridade em relação às autoridades nacionais em matéria de direito de guarda e de visita. Esta margem de apreciação desempenha um papel importante na conceção das leis relativas à guarda conjunta. O Tribunal de Justiça das Comunidades Europeias tem muito pouco a dizer a este respeito. No entanto, existem grandes diferenças entre os Estados europeus no que respeita à guarda conjunta. No entanto, o Tribunal de Justiça das Comunidades Europeias deveria supervisionar os processos relativos tanto ao direito de visita como à guarda conjunta. Por conseguinte, observamos que o Tribunal de Justiça Europeu insiste em determinados procedimentos, por exemplo, que o menor possa ser ouvido em determinadas situações.

Relacionado com todos os aspectos e disposições sobre os direitos da criança e a sua proteção apresentados até agora está o **Regulamento (CE) n.º 2201/2003 relativo à competência, ao reconhecimento e à execução de decisões em matéria matrimonial e em matéria de responsabilidade parental e que revoga o Regulamento (CE) n.º 1347/2000, conhecido como Regulamento Bruxelas II-A.**

O objetivo deste documento é descrever o âmbito de aplicação desta regulamentação, mas também assinalar alguns riscos e dificuldades relacionados com esta regulamentação.

No terceiro e último capítulo deste estudo, abordámos um tema tão atual quanto interessante e útil do ponto de vista da liberdade de expressão e do acesso à informação, mas tendo em conta o impacto cultural e sociológico dos programas audiovisuais.

No final do trabalho e das conclusões da investigação, fizemos reflexões sobre os seus resultados, que são úteis através de análises e abordagens para os beneficiários do direito à livre circulação na União Europeia, os cidadãos da União e não só, as instituições responsáveis pela aplicação da legislação e dos projectos europeus e as pessoas diretamente confrontadas com as questões da proteção da criança e dos seus direitos. O tema da investigação torna-se ainda mais importante pelo facto de a União Europeia ter sofrido um novo alargamento, através do qual a Croácia se tornou membro da UE, e, neste contexto, é muito interessante seguir as orientações do novo Estado-Membro no domínio da proteção da criança.

CAPÍTULO 1 A CONVENÇÃO DAS NAÇÕES UNIDAS SOBRE OS DIREITOS DA CRIANÇA

1.1. Documentos internacionais que constituem a base da Convenção das Nações Unidas.

1.1.1. A Declaração de Genebra (1929)

No início do século XX, havia um grande interesse pela proteção das crianças. Quase todos os países industrializados promulgaram leis para a proteção das crianças ou para o ensino obrigatório.

Na Conferência de Haia de Direito Internacional Privado, em 1902, o interesse superior da criança foi tido em conta como um critério importante na Convenção sobre a Tutela das Crianças. A elaboração de um documento específico sobre os direitos da criança deve-se a Englatyne Jebb, que fundou em Londres, em 1919, a primeira organização de salvamento de crianças. Confrontada com as consequências da Primeira Guerra Mundial e da revolução na Rússia (milhares de crianças morriam todos os dias de doença e de fome em todos os países europeus), E. Jebb decidiu dedicar-se a salvar e melhorar a vida das crianças em todo o mundo. O objetivo era, portanto, criar uma organização internacional forte que pudesse também atuar nas áreas menos conhecidas onde a proteção da criança não era aplicada e os direitos da criança não eram respeitados. Os programas desenvolvidos durante este período visavam principalmente a luta contra a fome e a prestação de cuidados médicos às crianças.

"É evidente que a salvação das crianças de todo o mundo não é, à partida, uma impossibilidade. Só se torna impossível quando nos recusamos a reconhecê-la. "Eglantyne Jebb (D.J. Harris, 1995, p. 10)

Assim, através da perseverança e do empenho ativo, a EJ concebeu e geriu a Declaração da Liga das Nações (Nações Unidas) sobre os Direitos da Criança, o primeiro documento internacional a enumerar e promover os "direitos da criança" de forma normalizada e a definir a proteção da própria criança.

Esta declaração e as suas extensas elaborações desde 1959 constituem a base para a redação da Convenção das Nações Unidas sobre os Direitos da Criança em 1989.

1.1.2. Declaração dos Direitos da Criança

Em 1946, após a Segunda Guerra Mundial, realizou-se em Genebra uma importante conferência das organizações "Save the Children", na qual participaram 54 organizações internacionais que trabalham em prol das crianças e representantes de 34 países. Como resultado desta reunião, foi fundada a União Internacional para o Bem-Estar da Criança.

Uma das primeiras tarefas da União Internacional para o Bem-Estar da Criança foi a criação da Comissão Económica e Social das Nações Unidas como uma organização sediada em Genebra.

A União Internacional para o Bem-Estar da Criança transformou a Declaração de Genebra numa declaração das Nações Unidas. Tendo em conta as experiências da Segunda Guerra Mundial, a União Internacional para o Bem-Estar da Criança acrescentou mais dois pontos (números 1 e 2) ao conteúdo da Declaração de Genebra referida no início do documento e, por conseguinte, à Declaração dos Direitos da Criança de 1948, com a seguinte redação

1. A criança deve ser protegida contra qualquer discriminação com base na etnia, nacionalidade ou religião;

2. A criança deve ser cuidada como uma família independente, com o devido respeito;

3. A criança deve dispor dos meios necessários ao seu desenvolvimento físico e mental normal;

4. A criança que tem fome precisa de ser alimentada, a criança que está doente precisa de ser ajudada, a criança que tem um atraso no desenvolvimento precisa de ser apoiada, a criança que cometeu um delito precisa de ser apanhada e a criança órfã e sem abrigo precisa de receber abrigo e ajuda;

5. A criança deve ser o primeiro beneficiário da ajuda nos momentos difíceis;

6. A criança deve ser apoiada para ganhar a vida e deve ser protegida de todas as formas de exploração;

7. A criança deve ser educada no espírito das suas próprias capacidades para poder ajudar as pessoas.

Após a Segunda Guerra Mundial, as Nações Unidas centraram os seus trabalhos na Declaração Universal dos Direitos do Homem, um documento adotado em 1948. A inclusão dos direitos da criança neste texto revelou-se inadequada.

Considerou-se necessário criar um documento separado que abordasse as necessidades especiais das crianças. Foram envidados os primeiros esforços nesse sentido. A Declaração de Genebra foi considerada como uma base de discussão, mas requer algumas alterações e um alargamento do seu conteúdo para ter em conta a necessidade de mudar as atitudes em relação aos direitos das crianças.

Em 1950, foi apresentada uma nova proposta de projeto à Comissão dos Direitos do Homem (parte do Conselho Económico e Social das Nações Unidas). Sete anos mais tarde (1957), a Comissão analisou o projeto apresentado. Após consulta dos Estados membros, a Declaração dos Direitos da Criança foi adoptada por unanimidade pelos (então) 78 Estados membros da Assembleia Geral das Nações Unidas, sob a forma da Resolução 1386 (XIV). Era composta por 10 artigos e continha o princípio de que o interesse superior da criança deve ser primordial.

Graças à unanimidade - que nem sequer foi concedida à Declaração Universal dos Direitos do Homem - a Declaração dos Direitos da Criança teve uma grande autoridade moral.

O conteúdo da Declaração de 1959 é mais preciso e as suas disposições são muito mais abrangentes do que as da Declaração de Genebra. Reconhece a necessidade de afeto e compreensão para com a criança; dá especial ênfase à unidade familiar, à necessidade de cuidados pré e pós-natais para a mãe e a criança, ao direito a um nome e a uma nacionalidade. Inclui também o princípio da escolaridade obrigatória gratuita.

A declaração sublinha o direito da criança a ser protegida contra a exploração, a negligência e os maus tratos. Ao mesmo tempo, são necessárias medidas legislativas para proteger a criança do envolvimento em actividades lucrativas antes de uma certa idade.

Com esta declaração, reconhece-se o direito da criança ao lazer, à recreação e ao jogo. É particularmente importante o facto de a sociedade (ONG, pais, professores, etc.) e as autoridades locais e centrais serem chamadas a reconhecer estes direitos e a assegurar a sua aplicação. A Declaração de 1959 foi o primeiro passo para o reconhecimento da criança, mas a Declaração destina-se quase exclusivamente a conter medidas de proteção.

A Polónia, juntamente com outros Estados, pronunciou-se a favor da adoção de uma convenção em vez de uma declaração. Esta não é vinculativa e não tem força legal. Por outro lado, a declaração prevê procedimentos para assegurar a implementação.

Ao adotar uma convenção, os Estados signatários teriam sido obrigados a respeitar os direitos da criança, adoptando leis em conformidade com as disposições da convenção.

No entanto, tal não era possível em 1959. É importante recordar que o título original era "Projeto da Carta das Nações Unidas sobre os Direitos da Criança". (Bârsan, 2005).

1.2. **Da Declaração dos Direitos da Criança à Convenção das Nações Unidas sobre os Direitos da Criança**

1.2.1. A adoção da Convenção

Em fevereiro de 1978, a Polónia apresentou um projeto de Convenção sobre os Direitos da Criança à Comissão dos Direitos do Homem. O governo polaco pretendia celebrar o Ano Internacional da Criança (1979) e os 20 anos desde a adoção da Declaração através da adoção de uma convenção relacionada exclusivamente com os direitos da criança.

A Comissão dos Direitos do Homem decidiu consultar os Estados-Membros e as organizações competentes. Recebeu 28 respostas dos Estados-Membros, 4 de agências especializadas (OIT, FMI, UNESCO, OMS) e 15 de organizações não governamentais, incluindo a organização "Save the Children".

A Comissão dos Direitos do Homem decidiu criar um grupo de trabalho composto por representantes dos governos, das organizações internacionais e dos Organizações não governamentais. Tratava-se de um grupo "aberto", uma vez que dava aos Estados que não eram membros da Comissão dos Direitos do Homem a oportunidade de participarem no processo.

Embora inicialmente o texto proposto pelo Governo polaco tenha sido utilizado como material de trabalho, com o tempo foi substituído pelos textos propostos por organizações não governamentais. Esta foi uma experiência única na história das Nações Unidas. A contribuição das organizações não governamentais teve uma influência muito importante.

As organizações não governamentais criaram um grupo ad hoc em 1983, que facilitou a coordenação dos textos e optimizou os grupos de pressão nos Estados-Membros. O número de membros do grupo ad hoc cresceu constantemente, atingindo um máximo de 50 membros em 1989. Mais tarde, após a adoção da Convenção, o grupo desempenhou um papel muito importante no processo de assinatura, ratificação e aplicação da Convenção.

Em 8 de março de 1989, na sua 45ª sessão, a Comissão dos Direitos do Homem das Nações Unidas decidiu apresentar o projeto de Convenção sobre os Direitos da Criança à Assembleia Geral das Nações Unidas.

[2]Em 20 de novembro de 1989, a Assembleia Geral adoptou a Convenção das Nações Unidas sobre os Direitos da Criança. Após a ratificação por 20

---

[2] Podem ser mencionados momentos importantes no desenvolvimento das preocupações ambientais com os direitos da criança, que prepararam o desenvolvimento e a entrada em vigor da Convenção das Nações Unidas sobre os Direitos da Criança:

1906 (19 de maio) - Eglantyne Jebb funda no Reino Unido a organização "Save the Children", a primeira do género no mundo;

Eglantyne Jebb **redigiu** a Declaração dos Direitos da Criança em **1923**, que continha 5 artigos;

1924 - Declaração das Nações Unidas sobre os Direitos da Criança, adoção da chamada Declaração de Genebra;

1948 - A Assembleia Geral das Nações Unidas adopta a Declaração Universal dos Direitos do Homem;

1959 (20 de novembro) - Adoção por unanimidade da Declaração das Nações Unidas sobre os Direitos da Criança, desta vez com 10 pontos;

1978 - Ano Internacional da Criança; neste ano, a delegação polaca nas Nações Unidas propôs a elaboração da Convenção sobre os Direitos da Criança; foi criado um grupo de trabalho para elaborar a Convenção sobre os Direitos da Criança, no qual participaram também organizações não governamentais (ONG), incluindo os membros da Aliança Internacional "Save the Children";

1989 (20 de novembro) - A Assembleia Geral das Nações Unidas adopta os 54 artigos da Convenção das Nações Unidas sobre os Direitos da Criança;

1990 (2 de setembro) - Entrada em vigor da Convenção das Nações Unidas sobre os Direitos da Criança.

Estados, tornou-se um direito internacional e entrou em vigor em 2 de setembro de 1990. A Roménia foi um dos primeiros países a ratificar o texto da Convenção, em 25 de setembro de 1990.

A Convenção das Nações Unidas sobre os Direitos da Criança foi atualmente ratificada por 191 países em todo o mundo, com exceção dos Estados Unidos da América e da Somália.

No entanto, reconhecemos que 96% das crianças do mundo vivem em países que ratificaram a Convenção e que, por conseguinte, são legalmente obrigados a aplicar todos os direitos da criança.

1.2.2. A importância da Convenção das Nações Unidas sobre os Direitos da Criança

A Convenção é única no que se refere ao interesse com que foi acolhida. Nenhum outro documento sobre os direitos humanos foi ratificado tão rapidamente por tantos países. A mensagem a transmitir é muito simples: as crianças devem ser respeitadas. Isto significa que:

- A sobrevivência, a proteção e o desenvolvimento das crianças devem ser prioritários;
- os interesses superiores das crianças devem ser tidos em conta em todas as decisões que lhes digam respeito;
- As opiniões das crianças são importantes: foram ouvidas e devem ser devidamente tidas em conta;
- Estes princípios devem aplicar-se a todas as crianças sem discriminação.

Na sequência da ratificação da Convenção, os Estados-Membros adoptaram medidas para melhorar a situação das crianças. A legislação foi alterada e foram criadas estruturas administrativas para proteger os direitos das crianças.

A Convenção criou um clima favorável à reforma; definiu princípios e normas universais para a situação das crianças e delineou um processo para acompanhar e discutir o nível de implementação.

De acordo com as disposições da Convenção, a criança deve ser tratada com respeito e o Estado é obrigado a criar as melhores condições para o seu desenvolvimento, a respeitar os direitos da criança e as disposições de proteção da criança. Os direitos da criança consagrados na Convenção devem ser aplicados a todas as crianças sem discriminação. Todas as crianças têm direito à vida, à educação e a um desenvolvimento harmonioso.[3]

A Convenção abrange todo o espetro dos direitos humanos - direitos civis, políticos, económicos, sociais e culturais - e estabelece certos direitos a que todas as crianças têm direito.[4]

- A definição de criança como qualquer pessoa que ainda não tenha atingido a idade de 18 anos, exceto se a idade legal de maioridade for inferior;
- Direitos e liberdades civis, incluindo o direito a um nome e a uma nacionalidade, a

---

[3]O interesse superior da criança é um dos princípios fundamentais da Convenção e da Lei 272/2004 relativa à proteção e promoção dos direitos da criança.

A Roménia foi um dos primeiros países a ratificar a Convenção das Nações Unidas sobre os Direitos da Criança no ano seguinte à sua adoção pelas Nações Unidas através da Lei n.º 18 de 28 de setembro de 1990. Ao assinar a Convenção, a Roménia pretende melhorar a situação das crianças, garantir o cumprimento das regras de proteção da criança e dos direitos da criança e criar as melhores condições para que as crianças cresçam saudáveis, recebam uma educação de qualidade e participem ativamente na sociedade.

[4]Direitos fundamentais da criança previstos na Convenção: O direito à vida; o direito a um nome e a uma nacionalidade; o direito à educação; o direito à liberdade de expressão; o direito a cuidados médicos; o direito à proteção contra todas as formas de violência, abuso ou negligência; o direito a brincar e a divertir-se.

liberdade de expressão, de pensamento e de associação, o direito de acesso à informação e o direito de não ser torturado;

- um ambiente familiar e alternativas aos cuidados de saúde, incluindo o direito de viver com os pais, de ser reunido à família em caso de separação e de aceder a cuidados de saúde alternativos, se necessário;
- Saúde e bem-estar, incluindo os direitos das crianças com deficiência, o direito à saúde e aos cuidados médicos, à segurança social, aos serviços de proteção da infância e a um nível de vida adequado;
- Educação, lazer e actividades culturais, incluindo o direito à educação, os objectivos da educação e o direito de brincar, o direito ao lazer e à participação na vida cultural e artística;
- Medidas especiais de proteção das crianças refugiadas relativas aos direitos das pessoas envolvidas em conflitos armados, aos direitos das crianças no sistema de justiça juvenil, às crianças privadas de liberdade e às crianças exploradas sexual ou economicamente.

Os últimos 13 artigos da Convenção estabelecem a forma como a implementação da Convenção deve ser monitorizada. Isto inclui a criação do Comité dos Direitos da Criança, que recebe um relatório inicial dos governos dos Estados Partes dois anos após a ratificação e relatórios regulares de cinco em cinco anos após o relatório inicial. As agências das Nações Unidas e as organizações não governamentais são convidadas a fornecer ao Comité informações relevantes para apoiar o trabalho realizado.

Os artigos individuais da Convenção 54 nela contidos definem princípios, vários tipos de direitos e procedimentos. O conteúdo originalmente relacionado com quatro tópicos: Sobrevivência, Proteção, Desenvolvimento e Participação. (D.J. Harris, 1995, p. 16)

No sistema destes 54 artigos, quatro artigos são de particular importância, uma vez que podem representar os princípios gerais para todas as medidas (nacionais e internacionais)
(art. 2.º), o interesse superior da criança (art. 3.º), a sobrevivência e o desenvolvimento da criança (art. 6.º) e a participação (art. 12.º) devem ser tidos em conta).[1]

A Convenção das Nações Unidas sobre os Direitos da Criança e o seu impacto na legislação romena

A Convenção das Nações Unidas sobre os Direitos da Criança é um instrumento jurídico internacional que estabelece princípios gerais para a forma como os Estados Partes se devem relacionar com a criança e com a criança, bem como os domínios políticos a considerar.

Além disso, é atribuído à Convenção um papel importante no sistema de acompanhamento e é criado um organismo internacional (eleito), o Comité dos Direitos da Criança, para avaliar os relatórios nacionais de acompanhamento e fazer recomendações.

Tal como já foi referido, a Roménia é um dos Estados que ratificou a Convenção das Nações Unidas sobre os Direitos da Criança no ano seguinte à sua adoção pelas Nações Unidas, prevendo a Constituição romena que todos os tratados internacionais ratificados pelo nosso país são parte integrante da legislação nacional; assinar a Convenção significa reconhecer os direitos e princípios promovidos pela Convenção na Liga Romena e assumir a obrigação explícita de assegurar a sua aplicação prática (artigo 4.º).[5]

Na sua qualidade de Estado Parte na Convenção, o Estado assume as seguintes obrigações após a ratificação da Convenção:
• Promover os princípios e as disposições da Convenção e esforçar-se por levá-los ao conhecimento de todos os cidadãos, adultos e crianças;
• Harmonização da legislação nacional com as disposições da Convenção;
• Assegurar o respeito dos princípios da Convenção na aplicação da lei e na interpretação da legislação existente em conformidade com esses princípios;
• Criar instituições adequadas para a aplicação das disposições da Convenção, tendo em conta o interesse superior da criança;
• Tomar medidas dentro dos limites dos recursos disponíveis e assegurar que todas as necessidades económicas, sociais e culturais das crianças sejam tidas em conta;
• Proporcionar à criança a proteção e os cuidados necessários ao seu bem-estar, principalmente no seio da família, e apoiar e obrigar os pais ou os representantes legais a cumprirem os seus direitos e deveres em matéria de educação e criação da criança;
• Assegurar que a criança com capacidade tem o direito de exprimir livremente a sua opinião sobre todas as questões que lhe dizem respeito e definir o quadro em que deve exercer esse direito;
• Adotar medidas legislativas, administrativas, sociais e educativas para proteger a criança contra todas as formas de violência, danos, maus tratos físicos ou psíquicos, negligência ou abandono, maus tratos ou serviços;
• Assegurar que todas as crianças tenham acesso a serviços médicos ilimitados para que todas as crianças possam alcançar o melhor estado de saúde possível;
• Criação de um quadro para a realização do direito à educação e o seu exercício progressivo com base na igualdade de oportunidades;
- apresentar relatórios ao Comité dos Direitos da Criança (Secretário-Geral das Nações Unidas) sobre as medidas que estão a tomar para concretizar os direitos reconhecidos na Convenção, informar sobre os progressos no exercício desses direitos e assegurar a ampla divulgação desses relatórios nos seus países. (Bârsan, 2005).
Para além da Constituição e do Código da Família, que foram adoptados pela Lei n.º 4/1953 e contêm disposições relativas à proteção das crianças, vale a pena recordar o Decreto Governamental de Emergência n.º 26/1997 relativo à proteção das crianças em dificuldade, que foi adotado pela Lei n.º 108/1998.
Destina-se a substituir a Lei n.º 3/1970 relativa à proteção de certas categorias de menores e é considerada a disposição mais importante dos últimos tempos no domínio da proteção da infância para a proteção de crianças cuja integridade física "ou cujo desenvolvimento ou moralidade estejam em risco" (artigo 1.º, n.º 1).
A introdução do conceito de criança em dificuldade é muito importante e abre novas perspectivas no domínio da proteção da criança. A criação de serviços e de comités especiais para a proteção das crianças está também prevista como um primeiro passo para a descentralização.

---

[5] Art. 4.º: Os Estados Partes comprometem-se a adotar todas as medidas legislativas, administrativas e outras necessárias à realização dos direitos reconhecidos na presente Convenção. No que diz respeito aos direitos económicos, sociais e culturais, os Estados Partes comprometem-se a tomar essas medidas sem negligenciar os meios à sua disposição e, se necessário, no âmbito da cooperação internacional.

Em relação às regras acima referidas, são as seguintes::
- Lei n.º 47/1993 relativa à determinação judicial do abandono de crianças;
- Lei n.º 105/1992 relativa à regulamentação do direito internacional privado;
- Acórdão n.º 205/1997 sobre a organização das actividades das autoridades administrativas públicas locais no domínio da proteção dos direitos da criança;
- Lei n.º 120/1997 relativa à licença remunerada para assistência a crianças até aos 2 anos de idade;
- Lei n.º 119/1997 relativa a prestações adicionais para famílias com filhos;
- Acórdão n.º 604/1997 relativo aos critérios e procedimentos de autorização das instituições privadas que operam no domínio da proteção da infância.

A Decisão do Governo n.º 972/1995 adoptou o Plano de Ação Nacional para a Criança, um documento que estabelece um programa muito sério para a proteção das crianças na Roménia, tendo em conta as condições económicas e sociais específicas que afectam o desenvolvimento da criança neste período.

Este é o primeiro documento que se refere diretamente às disposições da Convenção sobre os Direitos da Criança e foi desenvolvido através de uma ampla consulta com organizações não governamentais e governos nacionais.

O programa estabelecido no plano nacional prevê a execução do
as seguintes vertentes:

1. No domínio dos direitos da criança: Aplicação das recomendações do Comité dos Direitos da Criança e controlo do respeito dos direitos da criança na Roménia;

2. Seguro de saúde infantil, melhoria dos cuidados médicos para mães, crianças e jovens e reflexão sobre o sistema de acolhimento de crianças;

3. Crescimento e desenvolvimento das crianças;

4. Educação da criança;

5. Apoiar a família como um ambiente privilegiado para o desenvolvimento da criança;

6. Proteção das crianças em dificuldades e das crianças com deficiências visuais;

7. Proteção jurídica dos menores e prevenção da delinquência juvenil;

8. Reforçar o papel das mulheres na melhoria das condições de vida das crianças;

9. Melhoria do quadro jurídico e administrativo.

CAPÍTULO 2 SISTEMA EUROPEU DE PROTECÇÃO DOS DIREITOS DA CRIANÇA

Na realização dos seus objectivos, a União Europeia pretende promover uma abordagem global da proteção dos direitos da criança, orientada pelos princípios gerais da Convenção sobre os Direitos da Criança, nomeadamente a não discriminação, o interesse superior da criança, a participação da criança, a sobrevivência e o desenvolvimento da criança. Os instrumentos da União utilizados para atingir os seus objectivos visam, nomeadamente, promover a reforma da legislação para promover e proteger os direitos da criança, em especial Incentivando e apoiando a legislação e as alterações à legislação nacional para garantir a sua compatibilidade com as normas e padrões internacionais relevantes sobre os direitos da criança, em particular a Convenção sobre os Direitos da Criança e os seus Protocolos Opcionais; e Incentivando e apoiando o reforço das capacidades das autoridades responsáveis pela aplicação da lei para investigar violações dos direitos da criança e desenvolver procedimentos centrados na criança para investigar e processar queixas sobre os direitos da criança. (Lupşan G. , 2011, pp. 9-14).

Os tratados, protocolos e regulamentos são os instrumentos das Nações Unidas no domínio dos direitos humanos, elaborados com base numa lista ilimitada de regras, normas e princípios da União Europeia a nível internacional, que esta pode invocar nos contactos com países terceiros para promover e proteger os direitos da criança.

Optámos por apresentar dois regulamentos europeus que consideramos importantes e intimamente relacionados com as questões discutidas até agora neste documento, pois reconhecemos que não são apenas úteis para a proteção dos direitos das crianças.

Regulamento (CE) n.º 2201/2003 relativo à competência, ao reconhecimento e à execução de decisões em matéria matrimonial e em matéria de responsabilidade parental e que revoga o Regulamento (CE) n.º 1347/2000.[6]

2.1.1. O âmbito de aplicação do regulamento

[7]O primeiro instrumento adotado a nível da União no domínio da cooperação judiciária em matéria de direito da família foi o Regulamento n.º 1347/2000 do Conselho relativo à competência, ao reconhecimento e à execução de decisões em matéria de divórcio, separação e anulação do casamento e de decisões em matéria de responsabilidade parental em relação a filhos comuns do casal, também conhecido como Regulamento Bruxelas II.

Este regulamento foi revogado pelo Regulamento n.º 2201/2003 (conhecido como "Regulamento Bruxelas II-A" ou "Bruxelas II-A"). Este regulamento constitui a pedra angular da cooperação judiciária na União em matéria matrimonial e de responsabilidade parental.

[8]O regulamento é aplicável a partir de 1 de março de 2005 em todos os Estados-

---

[6] Este documento foi elaborado pelos serviços da Comissão após consulta da Rede Judiciária Europeia em matéria civil e comercial e publicado no Jornal Oficial da União Europeia L338/1 de 23 de dezembro de 2003.

[7] Regulamento (CE) n.º 1347/2000 da Comissão, de 29 de maio de 2000, relativo à competência, ao reconhecimento e à execução de decisões em matéria matrimonial e de regulação do poder paternal em relação a filhos comuns do casal, JO L 160 de 30.6.2000, com a redação que lhe foi dada pelo Regulamento (CE) n.º 2116/2004, de 2 de dezembro de 2004, JO L 160 de 30.6.2004.

[8] Nos termos dos artigos 1.º e 2.º do Protocolo relativo à posição da Dinamarca, anexo ao Tratado da União Europeia e ao Tratado sobre o Funcionamento da União Europeia, a Dinamarca não participa na adoção do regulamento e não está, por conseguinte, sujeita às obrigações decorrentes das suas disposições ou da sua aplicação. O termo "Estados-

Membros da UE, com exceção da Dinamarca. É aplicável nos dez Estados-Membros que aderiram à União Europeia em 1 de maio de 2004. Os regulamentos aplicam-se diretamente nos Estados-Membros e têm precedência sobre as leis nacionais.

O regulamento estabelece regras uniformes para a resolução de conflitos de competência entre Estados-Membros e facilita a livre circulação na União de decisões judiciais, actos autênticos e acordos que contenham disposições relativas ao reconhecimento e à execução noutro Estado-Membro. [9]O regulamento complementa a Convenção de Haia de 25 de outubro de 1980 sobre os Aspectos Civis do Rapto Internacional de Crianças e contém disposições específicas sobre a relação com a Convenção de Haia de 19 de outubro de 1996 relativa à Competência, à Lei Aplicável e ao Reconhecimento,
Aplicação e cooperação em matéria de responsabilidade parental e de medidas de proteção da criança .[1]

O regulamento aplica-se plenamente às acções relevantes e aos actos autênticos e acordos celebrados entre as partes após 1 de março de 2005 (n.º 1 do artigo 64.º).

As regras do regulamento relativas ao reconhecimento e à execução são aplicadas a três categorias de decisões judiciais no caso de acções intentadas antes de 1 de março de 2005:

[a]   decisões proferidas após 1 de março de 2005 em processos iniciados antes dessa data, mas após a entrada em vigor do Regulamento Bruxelas II (n° 2 do artigo 64°);

[b]   as decisões proferidas antes de 1 de março de 2005 em processos instaurados após a entrada em vigor do Regulamento Bruxelas II, nos casos abrangidos pelo âmbito de aplicação do Regulamento Bruxelas II (n° 3 do artigo 64°);

[c]   Decisões tomadas antes de 1 de março de 2005, mas após a entrada em vigor do Regulamento Bruxelas II, acções intentadas antes da entrada em vigor do Regulamento Bruxelas II (n° 4 do artigo 64°).

As decisões das categorias a) a c) são reconhecidas e declaradas executórias em determinadas condições, em conformidade com o capítulo III do regulamento:

[d]   O Tribunal considerou que a decisão se baseava em regras de competência correspondentes às do presente regulamento, do Regulamento Bruxelas II ou de uma convenção em vigor entre o Estado-Membro de origem e o Estado-Membro de execução;

[e]   d) Para as decisões tomadas antes de 1 de março de 2005, desde que digam respeito a um divórcio, separação ou anulação do casamento ou à responsabilidade parental em relação aos filhos comuns dos cônjuges resultantes desse casamento.

Convém notar que as disposições do Capítulo III relativas ao reconhecimento e à execução, incluindo as novas disposições da Secção 4 que suprimem o procedimento de exequatur para certos tipos de decisões, se aplicam plenamente a estas decisões.

Por exemplo, em 1 de dezembro de 2002, é intentada uma ação de divórcio num tribunal do Estado-Membro A, ao abrigo do Regulamento Bruxelas II. Nesta ocasião, o tribunal recebe um pedido de responsabilidade parental relativamente aos filhos

-
[f]   Decisão do Conselho, de 19 de dezembro de 2002, que autoriza os Estados-Membros a assinar, no interesse da Comunidade, a Convenção da Haia de 1996 relativa à competência, à lei aplicável, ao reconhecimento, à execução e à cooperação em matéria de poder paternal e de medidas de proteção de menores, JO L 48 de 21.2.2003, p. 1. A Convenção é aplicável em todos os Estados-Membros, com exceção da Bélgica e da Itália, que a assinaram mas ainda não a

Membros" não inclui a Dinamarca.
[9]A Convenção é aplicável em todos os Estados-Membros.

ratificaram.

para ambos os cônjuges. Em 1 de janeiro de 2004, o tribunal proferiu uma decisão que concedeu ao pai a guarda e o direito de visita à mãe. Posteriormente, a mãe passou a viver com os filhos no Estado-Membro B. Neste caso, existem duas situações possíveis:

Caso 1: Se os Estados-Membros A e B forem ambos "antigos" Estados-Membros, o pai pode solicitar, ao abrigo das disposições transitórias previstas no n.º 3 do artigo 64.º, que o direito de visita seja reconhecido e executado diretamente no Estado-Membro B sem necessidade de um procedimento de exequatur nos termos da Secção 4 do Capítulo III do regulamento, mesmo que o pedido tenha sido apresentado antes de 1 de março de 2005.

Caso 2: Se pelo menos um destes Estados-Membros for um "novo" Estado-Membro aderente, não se aplica nenhuma das disposições transitórias do artigo 64º, desde que a decisão tenha sido tomada em 1 de janeiro de 2004, antes da entrada em vigor do Regulamento Bruxelas II para os "novos" Estados-Membros.

O regulamento contém disposições sobre a competência, o reconhecimento e a execução das decisões judiciais e a cooperação entre as autoridades centrais no domínio da responsabilidade parental. Contém regras especiais sobre o rapto de crianças e o direito de visita. (Szocs, 2014)

A portaria aplica-se a todos os litígios civis relacionados com a "atribuição, o exercício, a transferência, a retirada total ou parcial da responsabilidade parental".

O termo "responsabilidade parental" é definido de forma ampla e engloba todos os direitos e obrigações do titular da responsabilidade parental em relação à pessoa ou aos bens da criança. Inclui não só a guarda e o direito de visita, mas também questões como a tutela e a colocação de uma criança numa família adotiva ou num lar. O titular da responsabilidade parental pode ser uma pessoa singular ou colectiva. (Szocs, 2014)

Contrariamente à Convenção de Haia de 1996, o regulamento não fixa uma idade máxima para as crianças em causa - a regulamentação desta questão é da competência do direito nacional. Embora as decisões em matéria de responsabilidade parental digam respeito, na maioria dos casos, a menores de 18 anos, as pessoas com menos de 18 anos podem ser emancipadas ao abrigo da legislação nacional, nomeadamente se casarem. As decisões relativas a estas pessoas não podem, em princípio, ser consideradas como questões de "responsabilidade parental" e, por conseguinte, não são da competência do Regulamento do Conselho.

O regulamento aplica-se à "matéria civil". O termo "matéria civil" é definido em sentido lato e abrange todas as matérias enumeradas no n.º 2 do artigo 1. Mesmo que um problema específico de responsabilidade parental, como a colocação de uma criança numa família de acolhimento ou numa
cuidados institucionais, é uma questão de direito público de acordo com a legislação nacional, o regulamento aplica-se a.

O regulamento aplica-se às medidas de proteção relativas aos bens da criança. Por conseguinte, se uma criança tiver uma herança, devem ser consideradas certas medidas de proteção, como a nomeação de uma pessoa ou organização para a assistir e representar na gestão desses bens.

O regulamento aplica-se a todas as medidas de proteção necessárias para a administração ou disposição da herança da criança. Estas medidas podem ser necessárias se, por exemplo, os pais da criança estiverem em desacordo sobre esta questão.

No entanto, as medidas relacionadas com a herança da criança, mas que não dizem respeito à proteção da criança, não são abrangidas pelo regulamento, mas sim pelo

Regulamento n.º 44/2001 do Conselho, de 22 de dezembro de 2000, relativo à competência judiciária, ao reconhecimento e à execução de decisões em matéria civil e comercial (o "Regulamento Bruxelas I"). O juiz decide, em cada caso concreto, se a medida diz respeito aos bens da criança ou se a proteção da criança é afetada. O Regulamento aplica-se às medidas de proteção, mas não às medidas tomadas na sequência de infracções penais cometidas pela criança.

Pelo contrário, o regulamento não se aplica às obrigações de manutenção, uma vez que estas já são abrangidas pelo Regulamento (CE) n.º 44/2001.

As obrigações de alimentos e a responsabilidade parental são frequentemente objeto de esclarecimentos no âmbito de um mesmo litígio. Contudo, as obrigações de alimentos não são abrangidas pelo regulamento, uma vez que são já regidas pelo Regulamento Bruxelas I. Contudo, um tribunal competente nos termos do presente regulamento é normalmente competente em matéria de obrigações alimentares nos termos do nº 2 do artigo 5º do Regulamento Bruxelas I. Segundo esta disposição, um tribunal competente em matéria de responsabilidade parental pode pronunciar-se sobre as obrigações alimentares se a questão estiver relacionada com a questão da responsabilidade parental. Mesmo que as duas questões sejam tratadas no âmbito do mesmo processo, a decisão daí resultante é reconhecida e executada de acordo com regras diferentes. A decisão relativa à obrigação alimentar será reconhecida e executada noutro Estado-Membro ao abrigo das regras do Regulamento Bruxelas I, enquanto a parte da decisão relativa à responsabilidade parental será reconhecida e executada ao abrigo das regras do novo Regulamento Bruxelas II. (Szocs, 2014).

O regulamento aplica-se a todas as decisões em matéria de responsabilidade parental.[10]

Contrariamente ao Regulamento Bruxelas II, o presente regulamento aplica-se às decisões proferidas por um tribunal de um Estado-Membro em matéria de responsabilidade parental.

O Regulamento Bruxelas II só se aplica às decisões em matéria de responsabilidade parental proferidas no âmbito de um processo matrimonial e que digam respeito a filhos de ambos os cônjuges.

A fim de garantir a igualdade para todas as crianças, o âmbito de aplicação do presente regulamento é alargado a todas as decisões em matéria de responsabilidade parental, independentemente de os pais serem ou terem sido casados, e sem que seja necessário que as partes sejam os pais biológicos da criança em causa.

O regulamento aplica-se às decisões independentemente da designação da decisão proferida (sentença, despacho, decreto, etc.). No entanto, não se limita às decisões judiciais, mas a qualquer decisão tomada por uma autoridade competente em matérias abrangidas pelo âmbito de aplicação do regulamento.

Além disso, o regulamento aplica-se aos actos autênticos que têm força executória no Estado-Membro em que foram redigidos ou registados. Estes actos, que devem ser reconhecidos e declarados executórios nos outros Estados-Membros nas mesmas condições que as decisões judiciais, incluem, por exemplo, os actos notariais.

Uma inovação do regulamento é o facto de abranger igualmente os acordos celebrados entre as partes, desde que tenham força executória no Estado-Membro em que foram celebrados. O objetivo é incentivar as partes a celebrarem acordos extrajudiciais em matéria de responsabilidade parental. Assim, um acordo será reconhecido e declarado

---

[10] Nº 1, alínea b), do artigo 1º e considerando 5.

executório nos outros Estados-Membros nas mesmas condições que uma decisão judicial, desde que tenha força executória no Estado-Membro em que foi celebrado, independentemente de se tratar de um acordo privado entre as partes ou de um acordo celebrado perante uma autoridade pública.

Nos termos do artigo 20.º, um tribunal pode tomar medidas provisórias ou cautelares, em conformidade com a legislação nacional, relativamente a uma criança que se encontre no seu território, mesmo que um tribunal de outro Estado-Membro seja competente para o caso. A medida pode ser tomada por um tribunal ou por uma autoridade competente em matérias abrangidas pelo âmbito de aplicação do regulamento (n° 1 do artigo 2°). O artigo 20° não é uma regra de competência. Por conseguinte, as medidas provisórias deixam de produzir efeitos quando o tribunal competente adopta as medidas que considera adequadas.

Para uma melhor compreensão, tomemos o exemplo de uma família que viaja de automóvel do Estado-Membro A para o Estado-Membro B numas férias de verão. Depois de chegar ao Estado-Membro
Estado B, os membros desta família são vítimas de um acidente rodoviário em que todos ficam feridos. A criança é a única que apresenta ferimentos ligeiros e ambos os pais estão hospitalizados em coma. As autoridades do Estado-Membro B devem adotar medidas provisórias urgentes para proteger a criança, que não tem familiares no Estado-Membro B. O facto de os tribunais do Estado-Membro A serem competentes para apreciar o caso nos termos do regulamento não impede os tribunais ou as autoridades competentes do Estado-Membro B de decidirem provisoriamente sobre as medidas de proteção da criança. Estas medidas deixam de produzir efeitos quando os tribunais do Estado-Membro em causa tomarem uma decisão.

2.1.2. As autoridades competentes dos Estados-Membros

O princípio de base do regulamento é que o tribunal do Estado-Membro em que a criança tem a sua residência habitual é competente em matéria de responsabilidade parental. O termo "residência habitual", cada vez mais utilizado nos instrumentos jurídicos internacionais, não é definido no regulamento, devendo ser determinado em cada caso concreto pelo juiz com base nos factos. Sensul termenului trebuie interpretat in conformitate cu obiectivele și scopurile Regulamentului.

Convém notar que o termo "residência habitual" não deve ser equiparado ao termo "nacional"; trata-se de um conceito de direito comunitário "autónomo". No caso da deslocação de uma criança de um Estado-Membro para outro, a aquisição de residência habitual no novo Estado-Membro deve, em princípio, coincidir com a "perda" de residência habitual no antigo Estado-Membro. A avaliação do juiz do "caso individual" sugere que, apesar do adjetivo "regularmente", que parece indicar uma certa duração, não se deve excluir que uma criança possa adquirir residência habitual num Estado-Membro no momento da sua chegada, dependendo das circunstâncias do caso. (Szocs, 2014)

A questão da competência é esclarecida no momento em que o processo é instaurado no tribunal. Uma vez instaurado o processo, o tribunal é geralmente declarado competente, mesmo que a criança adquira a sua residência habitual noutro Estado-Membro no decurso do processo principal *(princípio da "perpetuatio fori")*. Uma alteração posterior da residência habitual da criança não conduz a uma alteração da competência exclusiva.

Contudo, se for no interesse superior da criança, o artigo 15° prevê a possibilidade de um tribunal do Estado-Membro para onde a criança se mudou poder, em determinadas condições, transferir o processo. Se a residência habitual da criança mudar na sequência de uma deslocação ou de um não regresso não autorizado, a competência só pode ser alterada em circunstâncias bem definidas.

Os artigos 9º, 10º, 12º e 13º estabelecem excepções à regra geral, ou seja, pressupostos nos quais a competência pode ser devolvida a um Estado-Membro em que a criança não tem a sua residência habitual.

As seguintes excepções estão explicitamente definidas em quatro artigos do regulamento:

a)   Competência dos tribunais da residência habitual da criança, tendo em conta a sua deslocação de um Estado-Membro para outro,

O artigo 9º do regulamento prevê um certo número de condições:

-   Os tribunais do Estado-Membro de origem devem ter actuado em matéria de direito de visita;

-   O regulamento só se aplica às transferências legais;

-   O regulamento aplica-se durante os três meses seguintes à mudança da criança;

-   A criança deve ter adquirido a sua residência habitual no novo Estado-Membro no prazo de três meses;

-   O titular do direito de acesso deve continuar a ter a sua residência habitual no Estado-Membro de origem e não deve ter aceite a mudança de jurisdição;

-   O regulamento não impede os tribunais dos novos Estados-Membros de proferirem decisões sobre outras matérias que não o direito de visita.

b)   A segunda exceção diz respeito à competência em caso de rapto de crianças, que está sujeita a um regulamento especial que analisaremos mais adiante no estudo.

c)   Reserva de competência nos termos do artigo 12º do regulamento, que prevê uma possibilidade limitada de recorrer ao tribunal de um Estado-Membro em que a criança não tem a sua residência habitual, justificada pelo facto de estar pendente uma ação de divórcio ou pela relação estreita da criança com esse Estado-Membro.

d)   A presença da criança

Se não for possível determinar a residência habitual da criança e se o artigo 12º não for aplicável, o juiz de um Estado-Membro pode decidir sobre a responsabilidade parental das crianças que residem nesse Estado-Membro, em conformidade com o artigo 13º.

e)   Responsabilidade remanescente

Se nenhum tribunal for competente nos termos dos artigos 8º a 13º, o Tribunal não pode basear a sua competência em normas nacionais de direito internacional privado.

Estas decisões serão reconhecidas e declaradas executórias nos outros Estados-Membros, em conformidade com as disposições do regulamento.

2.1.3. Encaminhamento para um tribunal mais adequado

O regulamento contém uma disposição que permite, a título excecional, que o tribunal transfira o processo para uma autoridade de outro Estado-Membro se esta estiver em melhores condições para o conduzir. O tribunal pode transferir a totalidade do processo ou apenas uma parte do mesmo.

De acordo com a regra geral, são competentes os tribunais do Estado-Membro em que a criança tem a sua residência habitual no momento em que o processo é instaurado (artigo 8º). Por conseguinte, a competência não se altera automaticamente se a criança tiver a sua residência habitual noutro Estado-Membro.

No entanto, pode haver circunstâncias em que o tribunal requerido ("tribunal de origem") não seja, excepcionalmente, o melhor local para conduzir o processo. Nos termos do artigo 15.º, o tribunal do Estado-Membro de origem pode, nessas circunstâncias, transferir o processo para um tribunal de outro Estado-Membro, se tal for no interesse superior da criança.

Uma vez que o processo tenha sido transferido para um tribunal de outro Estado-Membro, não pode ser transferido para um terceiro tribunal.

Se o segundo tribunal se declarar incompetente ou não aceitar a competência no prazo de seis semanas após a remessa, a competência do tribunal de origem mantém-se e deve ser exercida. (Szocs, 2014)

Na prática, porém, existem alguns problemas na aplicação deste procedimento e as questões inevitáveis: como é que um juiz que pretende transferir um processo descobre qual é a autoridade competente no outro Estado-Membro? Como é que os juízes devem comunicar? Quem é responsável pela tradução dos documentos?

O Atlas Judiciário Europeu em matéria civil pode ser utilizado para determinar a autoridade competente do outro Estado-Membro. O Atlas Judiciário fornece informações sobre o tribunal competente nos vários Estados-Membros e contém os contactos das várias instâncias. As autoridades centrais designadas nos termos do regulamento também podem ajudar os juízes a encontrar o tribunal competente no outro Estado-Membro.

O artigo 15º estabelece que os tribunais devem cooperar, quer diretamente, quer através das autoridades centrais, a fim de concretizar a transferência. Pode ser muito útil que os juízes em causa comuniquem entre si a fim de avaliar se estão preenchidos determinados requisitos processuais para a transferência, especialmente se tal for no interesse superior da criança. Se os dois juízes falarem e/ou compreenderem uma língua comum, devem contactar-se diretamente por telefone ou correio eletrónico. Podem também utilizar outras formas de tecnologia moderna, tais como
Conferências telefónicas. Se houver problemas linguísticos, os juízes podem recorrer a intérpretes. As autoridades centrais também podem apoiar os juízes.

Os juízes esforçam-se por assegurar a divulgação e os seus conselheiros, mas devem decidir por si próprios quais os procedimentos e salvaguardas adequados em cada caso individual.

Os mecanismos de tradução não são abrangidos pelo artigo 15º. Os juízes devem esforçar-se por encontrar uma solução pragmática que responda às necessidades e às circunstâncias do processo em causa.

Sob reserva do direito processual do Estado requerido, a tradução pode ser dispensada se o processo for atribuído a um juiz que compreenda a língua. Se for considerada necessária uma tradução, esta pode limitar-se aos documentos mais importantes. As autoridades centrais podem igualmente fornecer traduções não oficiais.

2.1.4. Regras de reconhecimento e execução noutro Estado-Membro

A proteção do interesse superior da criança é um dos principais objectivos da ação da União no âmbito das regras de reconhecimento e de execução, nomeadamente através da concretização do direito fundamental da criança a permanecer em contacto com ambos os progenitores, consagrado no artigo 24. Além disso, o regulamento tem por objetivo assegurar a livre circulação de todas as decisões em matéria matrimonial e em matéria de responsabilidade parental. [1]

O regulamento é o primeiro instrumento da União a suprimir o procedimento de exequatur em matéria civil relativamente a determinadas decisões, nomeadamente as decisões relativas ao direito de visita da criança e as decisões relativas a pagamentos em atraso em caso de rapto de crianças por um dos pais. O regulamento alargou igualmente o princípio do reconhecimento mútuo das decisões em matéria de responsabilidade parental a todas as decisões (proteção das crianças independentemente da existência de certas relações entre os pais), completando assim a primeira fase do programa de reconhecimento mútuo, cujo objetivo final continua a ser a supressão do exequatur para todas as decisões. O facto de certos tipos de decisões não beneficiarem da supressão do exequatur conduz a procedimentos complexos, morosos e onerosos, nomeadamente nas decisões judiciais em matéria de responsabilidade parental. Pode igualmente dar origem a situações contraditórias quando um Estado-Membro tem de reconhecer o direito de visita ao abrigo do regulamento (e as obrigações de alimentos a favor da criança ao abrigo do regulamento).

[1] O regulamento prevê que os actos e convenções autênticos sejam reconhecidos e considerados executórios nas mesmas condições em que o seriam se fossem vinculativos e executórios no Estado-Membro de origem. O facto de as certidões utilizadas no procedimento de exequatur apenas se referirem a "decisões judiciais" suscitou dificuldades.

(Szocs, 2014), mas pode, ao mesmo tempo, recusar o reconhecimento do direito de custódia concedido pela mesma decisão, uma vez que, em domínios que não os direitos e o atraso em certos casos de rapto de crianças, o reconhecimento pode ser recusado com base nos motivos previstos no regulamento e deve ser obtida uma decisão que autorize a execução antes de a decisão do tribunal ser executada noutro Estado-Membro. (Szocs, 2014)

No que diz respeito ao reconhecimento das decisões em matéria matrimonial e em matéria de responsabilidade parental, são raros os casos em que a ordem pública é invocada como motivo de não reconhecimento. Em contrapartida, no que se refere à responsabilidade parental, verificaram-se diferenças significativas na prática, no sentido de uma aplicação mais ampla ou mais limitada deste fundamento. [11]Além disso, a responsabilidade parental como motivo fundamental de recusa baseava-se frequentemente no facto de a decisão ter sido tomada sem que a criança tivesse tido a oportunidade de ser ouvida. A este respeito, surgiram dificuldades particulares devido ao facto de os Estados-Membros terem regras diferentes em matéria de audição da criança. As complicações decorrem do facto de os Estados-Membros não interpretarem o termo "execução" de forma uniforme, o que levou a que os Estados-Membros adoptassem políticas incoerentes sobre quais as decisões em matéria de responsabilidade parental que requerem o consentimento para execução. Esta questão tem um impacto significativo quando, por exemplo, uma pessoa é nomeada tutor de uma criança por um tribunal de um Estado-Membro e solicita um passaporte noutro Estado-Membro. Nestes casos, alguns Estados-Membros apenas exigem que a decisão de concessão da tutela seja reconhecida, enquanto outros Estados-Membros exigem o consentimento da decisão de tutela antes da emissão do passaporte, tendo em conta que a emissão de um passaporte é um ato de execução.

Deverá ser considerada a possibilidade de alargar a supressão do exequatur a outras categorias de decisões, em conformidade com a legislação recente da União. Neste sentido, o funcionamento dos actuais fundamentos para o não reconhecimento e a não execução de uma decisão deve ser considerado a fim de proporcionar as garantias necessárias. Além disso, a introdução de normas mínimas comuns em relação ao procedimento, nomeadamente no que diz respeito à audição da criança, poderia reforçar

---

[11] Outros motivos frequentemente invocados para não reconhecer as decisões foram a notificação dos documentos quando a decisão foi tomada à revelia, o incumprimento do procedimento previsto no regulamento para a colocação de uma criança noutro Estado-Membro e o facto de a decisão ter sido tomada sem que o progenitor em causa tenha tido a oportunidade de ser ouvido. Trata-se de aspectos importantes relacionados com o direito a um recurso efetivo e a um processo equitativo, tal como garantido pelo artigo 47.

o reconhecimento mútuo das decisões.
confiança entre os Estados-Membros e, por conseguinte, a aplicação das disposições relativas ao reconhecimento e à execução.

2.1.5. Cooperação entre as autoridades centrais

O regulamento contém as disposições relativas à cooperação entre as autoridades centrais no domínio da responsabilidade parental. Esta cooperação é essencial para a aplicação efectiva do regulamento. Por exemplo, a administração central tem por missão recolher e trocar informações sobre a situação da criança (por exemplo, no âmbito de um processo de guarda ou de reembolso da criança), assistir os detentores do poder paternal no procedimento de reconhecimento e de execução das decisões (nomeadamente no que diz respeito aos direitos da criança e aos pagamentos em atraso) e facilitar a mediação. Além disso, o governo central reúne-se regularmente no âmbito da Rede Judiciária Europeia para partilhar as suas práticas e, bilateralmente, para discutir os processos em curso.

A cooperação entre as autoridades centrais, nomeadamente no âmbito de discussões bilaterais, revelou-se muito útil nos casos de rapto transfronteiriço de crianças por um dos progenitores. Nestes casos, o Programa de Estocolmo indica explicitamente que, para além da aplicação efectiva dos instrumentos jurídicos existentes neste domínio, deve ser explorada a possibilidade de recorrer à mediação familiar a nível internacional, tendo em conta as melhores práticas dos Estados-Membros. Neste contexto, foi confiada a um grupo de trabalho criado no âmbito da Rede Judiciária Europeia a tarefa de propor medidas eficazes para melhorar o recurso à mediação familiar nos casos de rapto internacional de crianças por um dos seus progenitores. [12]

Embora as disposições relativas à cooperação funcionem geralmente bem, não foram consideradas suficientemente específicas. Os peritos referiram dificuldades, nomeadamente no que se refere à obrigação de recolher e trocar informações sobre a situação da criança. [13]

As principais preocupações prendem-se com a interpretação desta disposição, com o facto de os pedidos de informação nem sempre serem tratados em tempo útil e com a tradução das informações que constituem o comércio. Existem também diferenças significativas entre os Estados-Membros em termos do apoio prestado aos titulares responsabilidade parental, o governo central é responsável pela execução das decisões judiciais relativas ao direito de visita.

[14]As disposições efectivas em matéria de cooperação podem ser melhoradas à semelhança de outros instrumentos de direito da família (em especial o Regulamento relativo às obrigações alimentares) ou através da elaboração de guias de boas práticas em conformidade com o guia da Rede Judiciária Europeia sobre os casos de rapto de crianças . Além disso, a Comissão continuará a contribuir para reforçar a confiança entre os Estados-Membros, incluindo as autoridades de proteção das crianças nos Estados-Membros, a fim de melhorar a compreensão do contexto transfronteiriço e a aceitação

---

[12] Ver documento do Conselho 10, 16121 JUSTCIV 194, de 12 de novembro de 2010, conclusões do seminário ministerial sobre mediação familiar em casos de rapto internacional de crianças organizado pela Presidência belga, disponível em http://register.consilium.europa.eu.
[13] Artigo 55.º, alínea a).
[14] Guia de Boas Práticas e Normas Mínimas Comuns da Rede Judiciária Europeia: https://e-justice.europa.eu/content_parental_responsibility-46-ro.do?init=true.

das decisões tomadas noutro Estado-Membro.

2.1.6. Rapto transfronteiriço de crianças por um dos pais: emissão de uma decisão de regresso.

Se os pais viverem juntos, têm geralmente uma responsabilidade parental conjunta em relação aos filhos. Em caso de separação ou divórcio, os pais devem decidir, de comum acordo ou em tribunal, como irão cumprir as suas responsabilidades no futuro. No entanto, um dos principais riscos a que uma criança está exposta em caso de separação ou divórcio é o de ser deslocada por um dos progenitores para o seu país de residência habitual.

O impacto negativo do rapto de crianças por um dos progenitores sobre a criança e o outro progenitor é uma razão importante para a introdução de medidas tanto a nível internacional como da União. Um dos principais objectivos do regulamento consiste em dissuadir o rapto de crianças entre Estados-Membros e em proteger as crianças dos efeitos negativos do rapto, estabelecendo procedimentos que garantam o regresso rápido da criança ao Estado-Membro em que tinha a sua residência habitual antes do rapto. [15]

A este respeito, o regulamento complementa a Convenção de Haia de 1980, clarificando alguns dos seus elementos, nomeadamente a audição da criança, o prazo para decidir sobre um pedido de pagamento em atraso e os motivos de recusa de reembolso à criança. A diretiva introduz igualmente disposições que regulam os seguintes aspectos Situações em que existem decisões contraditórias sobre o atraso e a recusa de reembolso em diferentes Estados-Membros.

O Tribunal de Justiça da União Europeia e o Tribunal Europeu dos Direitos do Homem estabeleceram, na sua jurisprudência, uma série de princípios relativos ao rapto internacional de crianças, tendo em conta o interesse superior da criança. O Tribunal de Justiça da União Europeia confirmou que o regulamento que se segue serve para prevenir o rapto de crianças entre Estados-Membros e o regresso imediato da criança em caso de rapto. [16]Por seu lado, o TEDH declarou que, uma vez estabelecido que uma criança foi ilicitamente deslocada, os Estados-Membros devem tomar medidas adequadas e eficazes para assegurar o regresso da criança e que o facto de não o fazerem constitui uma violação do direito à vida familiar consagrado no artigo 8.

A lei prevê que o tribunal em que é apresentado um pedido de pagamento de alimentos em atraso a uma criança deve decidir num prazo máximo de seis semanas após a apresentação do pedido. Os tribunais dos Estados-Membros nem sempre puderam respeitar este prazo. No entanto, é evidente, tal como confirmado pelos peritos, que o prazo de seis semanas para o tribunal tomar uma decisão é importante para enviar um sinal sobre a importância de garantir que a criança seja reembolsada rapidamente.

[17][18]As situações de conflito entre uma decisão de não regresso de um tribunal do

---

[15] Em 2008, foram apresentados 706 pedidos de pagamentos em atraso entre Estados-Membros. As estatísticas revelam que a taxa de pagamentos em atraso entre os Estados-Membros em 2008 foi de 52% no total e de 39% quando o Estado requerente era um Estado Contratante: Statistics Analysis of applications lodged in 2008 under the Hague Convention of 25 October 1980 on the Civil Aspects of International Child Abduction - Part II - Regional Report, taken up by. Doc. N.º 8 B-novembro de 2011, atualizado à atenção da Comissão Especial em junho de 2011, disponível em http://www.hcch.net.

[16] Ver, por exemplo, Šneersone e Kampanella/Itália (Pedido n.º 14737/09), (iv) Secção 85; Iglesias Gil e A.U.I./Espanha (Pedido n.º 56673/00); Ignaccolo-Zenide/Roménia (Pedido n.º 31679/96), Marie/Portugal (Pedido n.º 48206/99); Pp/Polónia (Pedido n.º 8677/03) e Raw/França (Pedido n.º 10131/11).

[17] N.º 8 do artigo 11.º e artigo 42.

[18]Uma vez que o regulamento visa assegurar o regresso rápido da criança, a emissão de uma certidão pelo tribunal de origem não pode ser contestada no que diz respeito ao regresso da criança e os únicos motivos que podem ser invocados

Estado-Membro onde se encontra a criança raptada e uma decisão posterior do tribunal de origem devem ser resolvidas a favor deste último, a fim de assegurar o regresso da criança: se a decisão de regresso for confirmada pelo tribunal de origem, não está sujeita ao procedimento de exequatur, é imediatamente reconhecida no Estado-Membro onde se encontra a criança raptada e é executória sem necessidade de um título executivo e sem possibilidade de oposição ao seu reconhecimento. Não é necessário que esta decisão seja precedida de uma decisão definitiva em relação à criança, uma vez que a decisão de regresso tem por objetivo, nomeadamente, ajudar a resolver a questão da guarda da criança.

O tribunal de origem só emite a certidão relativa à decisão sobre os pagamentos em atraso se as garantias processuais tiverem sido respeitadas no processo judicial, nomeadamente se as partes tiverem sido ouvidas e se a criança tiver sido ouvida. Devido às diferenças entre os Estados-Membros na aplicação destas garantias, nomeadamente no que diz respeito à audição da criança, podem surgir dificuldades na fase de execução.

Tendo em conta o que precede, poderá ser útil considerar se a incorporação da jurisprudência pertinente do TJUE no regulamento facilitaria a aplicação das disposições relativas às infracções contra o levantamento da retenção. Deverá igualmente ser considerada a adoção de normas mínimas comuns para a audição da criança, a fim de aumentar a eficácia do atraso.

Consideramos igualmente oportuno introduzir normas mínimas comuns para a execução das decisões sobre o regresso da criança, tendo em conta que o processo de execução segue as regras do Estado-Membro de execução, o que por vezes conduz a procedimentos pesados em alguns Estados cujos tribunais revêem a decisão.

2.1.7. Colocação de uma criança noutro Estado-Membro

O artigo 56º do regulamento contém disposições específicas relativas à colocação de uma criança numa instituição de acolhimento ou numa família de acolhimento noutro Estado-Membro. Quando um tribunal de um Estado-Membro pondera a colocação da criança noutro Estado-Membro e a ação de uma autoridade do Estado-Membro de acolhimento é exigida nos casos de colocação de uma criança no interior do país, o tribunal deve consultar a autoridade central ou outra autoridade competente do Estado-Membro de acolhimento e obter a autorização da autoridade competente desse Estado antes de tomar a sua decisão sobre a colocação. Atualmente, os procedimentos de consulta e autorização baseiam-se na legislação nacional do Estado-Membro de acolhimento, o que significa que são aplicados procedimentos nacionais diferentes nos Estados-Membros. A administração central deve cooperar na prestação de informações e apoio sempre que necessário.[1]

O TJUE confirmou que a decisão de colocação deve ser declarada executória no Estado-Membro de acolhimento antes de poder ser executada nesse Estado. [2]Um dos fundamentos de recurso contra a autorização de colocação da criança noutro Estado-Membro é o incumprimento do procedimento previsto no artigo 56.º do regulamento, a fim de evitar uma medida de colocação no Estado-Membro de acolhimento. A fim de não pôr em causa a eficácia do regulamento, o TJUE acrescentou que a decisão sobre a -

[1] Artigo 55.º, alínea d).

[2] Artigo 31º, nº 2, e artigo 23º, alínea g).

que o pedido de autorização de execução deve ser efectuado rapidamente e que o recurso contra o mesmo não tem efeito suspensivo. Apesar destas constatações, os peritos

em relação à certidão são os que exigem a retificação ou a contestação da autenticidade da certidão, em conformidade com a legislação do Estado-Membro de origem. Artigo 43.º, n.º 2.

sublinharam que a aplicação das decisões de exequatur em matéria de colocação é muito complicada quando são tidas em conta as necessidades da criança.

Por conseguinte, a aplicação de um procedimento comum que permita uma aplicação uniforme, mais rápida e eficaz, das decisões relativas à colocação de uma criança noutro Estado-Membro pode ser considerada um meio de resolver os problemas referidos.[19]

2.2. Proteção das crianças à luz da jurisprudência da CEDH
2.2.1. Respeito pelo direito à vida familiar

A Convenção Europeia para a Proteção dos Direitos do Homem e das Liberdades Fundamentais obriga os Estados signatários a garantir a todas as pessoas sob a sua jurisdição o pleno exercício dos direitos fundamentais consagrados na Convenção, que têm vindo a ser progressivamente alargados pela jurisprudência construtiva do Tribunal Europeu dos Direitos do Homem, nomeadamente no que se refere à vida privada e à família.

O artigo 8.º da Convenção estabelece no n.º 1 que "toda a pessoa tem direito ao respeito da sua vida privada e familiar, do seu domicílio e da sua correspondência". De acordo com o n.º 2 do mesmo artigo, "não é permitida qualquer ingerência das autoridades públicas no exercício deste direito, exceto se estiver em conformidade com a lei e for necessária, numa sociedade democrática, no interesse da segurança nacional, da segurança pública, do bem-estar económico do país, da proteção da ordem pública e da prevenção das infracções penais, da proteção da saúde ou da moral, ou da proteção dos direitos e liberdades de outrem".

Este texto tem origem no artigo 12.º da Declaração Universal dos Direitos do Homem, segundo o qual ninguém pode ser sujeito a interferências arbitrárias na sua vida privada, na sua família, no seu domicílio ou na sua correspondência, nem a ataques à sua honra ou reputação; todos têm direito à proteção da lei contra tais interferências ou ataques. Uma formulação quase idêntica pode ser encontrada para a proteção do direito à vida privada no artigo 17.º do Pacto Internacional sobre os Direitos Civis e Políticos. (Bârsan, 2005, p. 73)

O âmbito de aplicação do artigo 8.º da Convenção protege uma vasta gama de interesses pessoais que estão incluídos no conceito geral do direito à vida privada, à vida familiar, ao domicílio e à correspondência. Estes interesses não são definidos com exatidão na Convenção, mas estão estreitamente inter-relacionados (D.J. Harris, 1995, pp. 20-25). Cabe, por conseguinte, ao Tribunal de Justiça determinar o âmbito destes direitos e as condições do seu exercício, sem prejuízo das limitações previstas na Convenção.

A Convenção também menciona a vida familiar entre os direitos da pessoa que beneficia da proteção do artigo 8. 8, mas não é definida. Torna-se assim um conceito autónomo no sistema de proteção dos direitos humanos, que é interpretado pelo Tribunal independentemente da qualificação no direito nacional dos Estados-Membros. No entanto, o Tribunal evitou dar uma definição exacta da vida familiar, tendo em conta a evolução das relações sociais, um desenvolvimento que exige uma interpretação flexível de tais conceitos.

O termo "vida familiar" pode ser visto em duas dimensões: As pessoas que podem

---

[19]A análise de certos aspectos da presente obra sobre o Regulamento Bruxelas II bis baseia-se no guia prático para a aplicação do novo Regulamento (CE) n.º 2201/2003, de 27 de novembro de 2003, elaborado pela Comissão Europeia após consulta da Rede Judiciária Europeia em matéria civil e comercial.

invocar este direito à vida familiar e o seu conteúdo.

[20]No que diz respeito às pessoas que podem invocar este direito, o artigo 8.º da Convenção utiliza a expressão "todas as pessoas" e reconhece o direito à vida familiar de todas as pessoas sem fazer qualquer outra distinção. No entanto, o Tribunal limitou o âmbito de aplicação do artigo 8.º, afirmando que este pressupõe a existência de uma vida familiar.[21]

No que diz respeito aos filhos menores, estes encontram-se entre as pessoas que podem invocar o direito à vida familiar, uma vez que o Tribunal de Justiça Europeu decidiu que o conceito de família, definido no Art. Isto significa que existe uma relação constitutiva da vida familiar entre a criança e os seus pais a partir do momento e em virtude do seu próprio nascimento, independentemente de ter nascido dentro ou fora do casamento (Lupşan G. , 2011, p. 41). Portanto, é irrelevante para a vida familiar entre pais e filhos a forma como as relações entre eles são determinadas, e não importa se é apenas uma união biológica ou apenas uma união legal. (Bârsan, 2005, p. 623)

No que diz respeito ao vínculo biológico, o Tribunal declarou que existe vida familiar entre um progenitor e o seu filho, mesmo que este tenha nascido fora do casamento, uma vez que o estatuto de progenitor não é concedido com base nesse vínculo (Lupsan G. , 2011, p. 42). Pelo contrário, para que se reconheça a existência de uma relação familiar entre um progenitor biológico e o seu filho, é necessário que o facto de esta pessoa ser o progenitor da criança seja certo (Chirita, 2007, p. 54). O parecer do Tribunal vai mais longe e afirma que o vínculo biológico não se perde se os pais da criança se divorciarem e a criança for atribuída a um deles, ou mesmo se a criança for adoptada, pois apenas se perde a relação jurídica entre os pais e a criança, e não o vínculo biológico.[1]

No que diz respeito à relação jurídica, o Tribunal de Justiça Europeu tem sido cada vez mais confrontado com questões de responsabilidade da "vida familiar" em matéria de adoção internacional. De acordo com a sua jurisprudência, o Tribunal considerou que a relação entre o adotante e o adotado é, em princípio, equivalente à relação familiar protegida pelo artigo 8.º da Convenção (Lupsan G. , 2011, p. 46). O Tribunal decidiu igualmente que, no caso de existir uma relação familiar entre um pai adotivo e uma criança, para além da existência de uma relação familiar entre o pai biológico e a mesma criança, a eficácia do primeiro vínculo deve prevalecer sobre o vínculo biológico.

Por outro lado, a existência de uma vida familiar na aceção da Convenção aplicável aos filhos menores exige um carácter efetivo do vínculo biológico ou jurídico pré-existente. A existência ou a inexistência de uma vida é um facto que depende da existência de relações pessoais reais (Lupsan G. , 2011, p. 42). Assim, nos casais casados, mas também nos casais não casados que têm ou tiveram uma relação pessoal, o filho menor é considerado parte desta célula familiar pelo facto do seu nascimento, mesmo que os pais já não vivam juntos no momento do nascimento ou que a sua relação tenha terminado (Bogdan D., 2005, p. 206).

[2]No que diz respeito à segunda dimensão da expressão "vida familiar", ou seja, o seu conteúdo, pode afirmar-se que este artigo não protege uma família fictícia, nem confere às pessoas um direito geral de constituir família, quer através do casamento, quer do nascimento ou adoção de filhos, nem o direito ao divórcio. (D.J. Harris, 1995, p. 55). O

---

[20]TEDH, processo Phinikaridou/República de Chipre, pedido n.º 23890/02, decisão de 20 de março de 2008, www.echr.coe.int.

[21] TEDH, processo Marckx/Bélgica, pedido n.º 6833/74, decisão de 13 de junho de 1979, Série A n.º 31; TEDH, processo Berlim/Luxemburgo, pedido n.º 44978/98, decisão de 15 de julho de 2003, www.echr.coe.int; TEDH, processo Pini e Bertani e Manera, Atripaldi/Roménia, pedidos n.º 78028/01 e n.º 78030/01, decisão de 22 de junho de 2004, Recueil des arrets et decisions 2004- IV(extraits).

artigo 8.º da Convenção inclui, em primeiro lugar, o direito ao reconhecimento legal das relações familiares, com todas as consequências que daí advêm. Assim, no que diz respeito aos filhos menores, -

[1] O TEDH, Germany Görgülü v. Application No. 74969/01, decisão de 26 de fevereiro de 2004, www.echr.coe.int.

[2] TEDH, Processo Johnston v. Irlanda, Aplicação 9697/82, Decisão de 18 de dezembro de 1986, Série A n.º 131; TEDH, Processo Irlanda, c. Airey, Aplicação n.º 6289/73, Decisão de 9 de outubro de 1979, Série A n.º 32.

O exercício da vida familiar é protegido pela possibilidade de viver com os pais ou mesmo de os ver (Lupsan G. , 2011, p. 42). Consequentemente, o artigo 8.º é aplicável quando uma criança de uma família é colocada numa instituição pública sem o consentimento dos pais ou é forçada a mudar-se para a casa do outro progenitor, quando um progenitor perde os direitos parentais concedidos ao outro progenitor após um divórcio, ou quando um progenitor que tem direitos de visita vê esses direitos suspensos (Chirita, 2007, p. 54). Ao mesmo tempo, a vida familiar também se refere à natureza dos direitos patrimoniais, que, em relação aos menores, se manifestam no direito a receber prestações sociais ou pensões de alimentos, bem como no direito à herança dos pais (Chirita, 2007, p. 54). Todos estes direitos de propriedade foram determinados pelo tribunal, desde que estejam intimamente ligados às relações familiares.

Em conformidade com o que precede e em aplicação do artigo 8.º da Convenção, os Estados-Membros são obrigados a não adotar quaisquer medidas negativas que impeçam o exercício do direito à vida familiar dos titulares reconhecidos. Assim, a consagração do direito à vida familiar consiste em defender tanto os filhos menores como os pais contra qualquer interferência arbitrária das suas autoridades estatais no exercício dos poderes conferidos pela Convenção, exceto na situação em que estas preencham as condições para interferir com o seu art. 8 § 2 - devem estar previstas na lei, prosseguir um objetivo legítimo, ser necessárias numa sociedade democrática.

[22]Em segundo lugar, os Estados-Membros têm também uma série de obrigações positivas associadas ao cumprimento efetivo do seguro de vida, que exigem a adoção de medidas para proteger os titulares dos direitos conferidos pela Convenção. (Lupsan G. , 2011, pp. 39-40)

2.2.2. Respeito pelo direito à vida familiar em algumas situações específicas. A colocação de menores em estabelecimentos de saúde públicos

Nalgumas situações específicas, o crescimento e o desenvolvimento do menor deixam de ser possíveis com os seus pais, pelo que as autoridades devem tomar medidas para colocar a criança em instituições sociais (Bârsan, 2005, p. 636). Assim, quando a vida, o crescimento e o desenvolvimento harmonioso de uma criança são postos em causa na sua relação com os pais, o Estado é responsável e tem mesmo a obrigação positiva de agir para garantir o respeito pelos direitos fundamentais de que a criança goza ao abrigo da Convenção e de outros instrumentos internacionais neste domínio.

A jurisprudência do Tribunal de Justiça tem repetidamente reconhecido que a convivência é uma parte fundamental da vida familiar de um progenitor e do seu filho e que as medidas internas que a impedem, nomeadamente a colocação em estabelecimentos de saúde públicos, constituem uma ingerência no direito protegido pelo artigo 8. 8 da Convenção. No entanto, o Tribunal deixa aos Estados-Membros a possibilidade de interferir na vida familiar da criança com os seus pais, se essa interferência estiver

[22] TEDH, processo Dickson/Reino Unido, pedido n.º 44362/04, decisão de 4 de dezembro de 2007, www.echr.coe.int; TEDH, processo Kaftailova/Letónia, pedido n.º 59643/00, decisão de 7 de dezembro de 2007, www.echr.coe.int.

prevista na lei, prosseguir um objetivo legítimo e for necessária numa sociedade democrática, como resulta dos n.ºs 1 e 2 do artigo 8. 8 da Convenção.

A extensão do poder discricionário concedido às autoridades nacionais competentes depende, por conseguinte, da natureza das questões em causa (Bogdan D., 2005, p. 228). O Estado deve demonstrar que existiam circunstâncias que exigiam a colocação e que as autoridades consideraram cuidadosamente o impacto da medida sobre os pais e as crianças e as possíveis alternativas à medida antes de a aplicar (Agafi^ei, 2011, pp. 10-20).

A colocação do menor num centro de proteção pública é analisada separadamente pelo tribunal sob dois pontos de vista. Por um lado, é analisada a medida de urgência que consiste em separar o menor dos seus pais e colocá-lo temporariamente num centro de colocação e, por outro lado, a colocação que se segue a uma colocação de urgência.

Quanto à colocação de emergência do menor, esta deve ser baseada em fundamentos relevantes e suficientes, e o processo de decisão deve ter lugar perante as autoridades nacionais competentes, de modo a que a decisão final seja tomada com base nos factos relevantes, seja imparcial e não contenha elementos arbitrários, nem mesmo óbvios (Bârsan, 2005, p. 637). Ao mesmo tempo, esta medida deve ser limitada no tempo, com a possibilidade de ser suspensa se a situação o exigir, tendo em conta a concretização da reunificação da criança com os seus pais. Para além disso, o interesse superior da criança deve ser o princípio orientador em que se baseia a aplicação de uma determinada medida nas unidades de saúde públicas.

Reconhecemos que os motivos suficientes e relevantes que determinam a intervenção das autoridades nacionais podem ser aqueles em que os menores são suspeitos de serem vítimas de maus tratos físicos e psicológicos por parte dos pais. Neste contexto, o Tribunal tem sido cada vez mais confrontado com vários pedidos relativos a medidas de separação de crianças dos seus pais por razões como as acima mencionadas.

[23]Por exemplo, no processo **Venema contra Países Baixos**, as autoridades nacionais consideraram que a vida da criança estava em risco, uma vez que se suspeitava que a mãe sofria de síndrome de Munchausen e que o menor já tinha sido hospitalizado duas vezes, pelo que ordenaram que a criança fosse colocada num centro para menores, que foi posteriormente alargado.

[24]A medida de colocação num centro de proteção pública foi também tomada pelas autoridades nacionais no processo **K.A. contra Finlândia**, porque as três crianças da família foram expostas a violência sexual pelos pais, o que foi provado com certeza.

[25]O caso **P.C. e S. v. Reino Unido**, em que uma criança foi colocada aos cuidados de uma unidade de saúde pública por ter sido vítima de maus tratos parentais que provocaram uma doença grave pela qual a sua mãe foi condenada, reveste-se igualmente de especial importância no que se refere às razões que podem justificar a adoção de tais medidas. Como a mãe estava novamente grávida, as autoridades emitiram uma ordem para proteger o nascituro desde o nascimento; a criança permaneceu sob os cuidados do hospital e foi posteriormente adoptada.

[26]No processo **L. contra Finlândia** , as autoridades decidiram colocar as crianças numa instituição pública, depois de terem tomado anteriormente outras medidas alternativas de proteção social, porque a mãe sofria de uma doença mental que punha em

[23] TEDH, *Venema v. Países Baixos*, www.echr.coe.int
[24]TEDH, processo *K.A. contra Finlândia*, pedido n.º 27751/95, decisão de 14 de abril de 2003, www.echr.coe.int
[25] TEDH, Processo *P.C. si S. v. Reino Unido,* www.echr.coe.int
[26]TEDH, Processo *L. v. Finlândia*, Pedido nº 25651/94, Resolução de 27 de abril de 2000, www.echr.coe.int

risco a sua saúde e desenvolvimento e, por conseguinte, não podia proporcionar-lhes o ambiente necessário ao seu desenvolvimento.

Por outro lado, é exercido o controlo do tribunal sobre a colocação do menor e, no sentido inverso, é sancionado o facto de as autoridades competentes não terem tomado a medida de separar a criança dos seus pais quando tal era particularmente necessário. [27]Neste sentido, num dos casos, o Tribunal constatou uma violação do artigo 3.º da Convenção, uma vez que as autoridades nacionais não tomaram, durante muitos anos, quaisquer medidas para colocar as quatro crianças, medidas essas que deveriam ter sido tomadas para as proteger dos maus tratos de que eram alvo na família.

No que diz respeito à manutenção da colocação do menor, o Tribunal de Justiça tem repetidamente afirmado que esta não implica o fim das relações familiares naturais. O Estado deve atuar de forma a permitir o desenvolvimento das relações entre as crianças e os seus pais e a manter essas relações, uma vez que a colocação deve ser considerada temporária. Por conseguinte, se as autoridades nacionais decidirem manter a colocação do menor numa instituição social, deve ser examinado se os motivos que justificam a medida inicial persistem, tendo em conta o interesse superior do menor. Além disso, qualquer ato de aplicação destas medidas temporárias deve ter como objetivo último a reunião dos pais com os filhos.

2.2.3. O direito ao reagrupamento

No que diz respeito ao direito ao reagrupamento do menor com os seus pais, que foi decidido em tais situações, convém recordar que é necessário encontrar um justo equilíbrio entre o interesse da criança em permanecer na família de acolhimento e o interesse do progenitor em reunir-se à criança. A este respeito, o tribunal pondera, por um lado, o interesse da criança em ser protegida numa situação particular que põe em perigo a sua saúde e o seu desenvolvimento e, por outro, o objetivo de reunir a família quando as circunstâncias o permitem. Assim, o Tribunal atribui uma importância especial ao interesse superior da criança, que pode prevalecer sobre o do progenitor, uma vez que o artigo 8º não pode, em caso algum, autorizar um progenitor a tomar medidas para evitar danos à saúde ou ao desenvolvimento do seu filho. Por conseguinte, o Estado é obrigado a tomar as medidas necessárias para reunir a criança com o seu progenitor, tendo em conta o interesse superior do menor, e a rutura total de qualquer ligação entre o progenitor e a criança só pode ser justificada em circunstâncias excepcionais (Bogdan D., 2005, p. 210).

A expressão da vontade da criança desempenha também um papel extremamente importante para garantir o interesse superior da criança, se esta for suficientemente forte, pelo que o tribunal atribui uma importância especial a essa vontade, que pode prevalecer sobre os interesses dos pais.

Sabemos que as medidas de reagrupamento familiar podem consistir em informar os pais sobre a situação da criança nas instituições públicas, assegurar o contacto entre os pais e a criança ou o direito a visitas regulares, manter a correspondência, realizar inquéritos sociais para determinar se a situação da família melhorou e oferecer aconselhamento psicológico. (Agafitei, 2011, p. 22)

Neste contexto, no processo **Amanalachioai/Roménia**, que dizia respeito à situação de uma criança temporariamente confiada aos avós, o Tribunal de Justiça considerou que, embora o

O pai não perdeu os direitos parentais e a medida foi temporária, a colocação do menor não beneficiou de acompanhamento psicológico para manter e melhorar as relações com

---

[27] TEDH, Processo *Z. e A. v. Reino Unido,* www.echr.coe.int

o pai, o que teria possibilitado a restituição da guarda ao pai. Tal medida teria permitido que os interesses da criança fossem os mesmos que os dos pais, e não competir como a situação era em particular.

A falta de cooperação dos pais ou dos filhos com as autoridades não os dispensa de recorrer a meios para restabelecer os laços familiares.

No entanto, o Tribunal decidiu que a obrigação das autoridades nacionais de tomarem medidas destinadas a trazer as crianças para junto dos pais não é absoluta e que as medidas coercivas que podem ser ordenadas pelas autoridades em tais casos são extremamente limitadas. No entanto, o Tribunal de Justiça das Comunidades Europeias exerce um controlo mais rigoroso sobre as restrições adicionais impostas pelas autoridades após a separação dos pais da criança, tais como a perda dos direitos parentais, dos direitos de paternidade, dos direitos de visita ou de outras garantias legais destinadas a assegurar a proteção efectiva dos direitos dos pais e das crianças no que se refere ao respeito pela sua vida familiar (Bogdan D., 2005, p. 213).

2.2.4. Respeito pelo direito à vida familiar nas situações em que a Convenção de Haia tenha sido violada

Deve ser dada especial atenção às medidas de proteção dos menores à luz dos princípios estabelecidos pelo Tribunal de Justiça, que devem ser interpretados à luz da Convenção de Haia sobre os aspectos civis do rapto internacional de crianças.

A este respeito, o Tribunal considerou que o não cumprimento das obrigações impostas pela Convenção de Haia constituía uma violação do art. 8. 3, 7, 12 e 13 prevêem o regresso imediato de crianças que tenham sido ilegalmente detidas ou interrogadas noutro Estado Contratante. Assim, a deslocação ou a retenção de uma criança é considerada ilícita se violar os direitos de uma pessoa imputável aos pais nos termos da lei do Estado em que a criança tinha a sua residência habitual imediatamente antes da sua deslocação ou retenção, devendo as autoridades do Estado cooperar para assegurar o regresso da criança. [1]Para este efeito, as autoridades judiciárias e administrativas dos Estados Contratantes actuarão rapidamente, incluindo por sua própria iniciativa, a fim de proteger a criança do perigo. Embora a Convenção de Haia estabeleça expressamente a obrigação da parte contrária da criança para com as autoridades do Estado, o Tribunal, no processo R.R. contra a Roménia, chamou a atenção para a aplicabilidade ou não do artigo 3. 3 da Convenção acima referida, afirmando que um pedido

TEDH, Processo *Iglesias Gil e A.U.I. contra Espanha*, Pedido n.º 56673/00, Despacho de 29 de abril de 2003, Recueil des arrets et decisions 2003-V.

pode ser considerada ilegal se interferir com os direitos parentais em relação à guarda da criança, o que dá a possibilidade de decidir não só sobre os cuidados a prestar à criança, mas também sobre a sua residência. Tendo em conta estas questões, o Tribunal considerou que a deslocação da criança com a mãe para os Estados Unidos sem o consentimento do pai não pode ser considerada ilegal enquanto a mãe tiver confiado a criança e o pai apenas tiver o direito de visita, considerando ao mesmo tempo que tais direitos não podem dar origem a obrigações positivas por parte das autoridades nacionais de regresso da criança. Além disso, enquanto as autoridades nacionais envidarem esforços que possam ser considerados razoáveis e suficientes para garantir o exercício dos direitos parentais reconhecidos ao progenitor, bem como o direito de visita, não têm obrigações positivas nos termos do artigo 8. 8 da Convenção, que é interpretado à luz das disposições da Convenção de Haia.

Embora a Convenção de Haia se refira a um conjunto específico de medidas para a proteção de menores, está sujeita ao mesmo princípio que percorre a jurisprudência do

TEDH sobre o direito ao respeito pela vida familiar dos menores, nomeadamente o "interesse superior da criança". (Agafi^ei, 2011, p. 24). Esta Convenção visa proteger as crianças que são consideradas as primeiras vítimas de um afastamento ilícito do país de residência, e o seu interesse superior inclui o estabelecimento de procedimentos para evitar a criação de tais situações ilícitas.

A este respeito, o interesse superior da criança pode ter um duplo objetivo: por um lado, assegurar o seu desenvolvimento num ambiente saudável, pelo que um progenitor não deve tomar qualquer medida que impeça um prejuízo para a sua saúde e o seu desenvolvimento e, por outro lado, assegurar a manutenção dos laços familiares, uma vez que a rutura destes laços implica o afastamento da criança do seu ambiente familiar.

2.2.5. O direito à detenção à luz da CEDH - análise jurídica neerlandesa
2.2.5.1. Aspectos gerais

As decisões relativas aos direitos de guarda e de visita baseiam-se frequentemente em factos. Por conseguinte, como veremos mais adiante, as autoridades nacionais têm mais margem de manobra neste caso do que em situações que envolvem a proteção de crianças. O Tribunal de Justiça Europeu refere-se frequentemente à liberdade de apreciação das autoridades nacionais nos casos de guarda e de direito de visita. Esta liberdade de apreciação desempenha um papel importante na redação das leis sobre a guarda conjunta. O Tribunal de Justiça das Comunidades Europeias tem muito pouco a dizer a este respeito.

No entanto, existem grandes diferenças entre os Estados europeus no que diz respeito à guarda conjunta. No entanto, o Tribunal de Justiça das Comunidades Europeias deverá controlar os procedimentos relativos tanto ao direito de visita como à guarda conjunta. Por conseguinte, veremos como o

O Tribunal de Justiça Europeu insiste em determinados procedimentos, por exemplo, que o menor possa ser ouvido em determinadas circunstâncias.

A fim de apresentar melhores sugestões, baseámos esta parte do trabalho na Convenção Europeia dos Direitos do Homem e tomámos em consideração a experiência dos Países Baixos. Veremos como os Países Baixos adoptaram um estilo próprio em matéria de guarda conjunta e como os tribunais neerlandeses se deparam com dificuldades na audição dos menores.

As disposições da Convenção Europeia dos Direitos do Homem são diretamente aplicáveis aos tribunais neerlandeses. [1]Este facto é garantido nos artigos 93º e 94º da Constituição neerlandesa. Os tribunais neerlandeses e todos os tribunais têm, por conseguinte, a possibilidade de completar a legislação de modo a que esta esteja em conformidade com as disposições da Convenção Europeia dos Direitos do Homem. Estão igualmente autorizados a revogar a sua própria legislação se as disposições nacionais não estiverem em conformidade com a Convenção. (Forder, 2009, p. 3).

2.2.5.2. Guarda conjunta

O que é a guarda conjunta e como a aplicamos na vida quotidiana? Pensemos nas decisões que os pais têm de tomar em relação ao seu filho, por exemplo, que escola frequentar, quanto dinheiro deve receber, se pode pintar o cabelo de roxo ou se o bebé deve ser vacinado contra a gripe. Se ambos os pais viverem com a criança, estas decisões são tomadas em conjunto, dia após dia. Ambos os pais estão envolvidos, ou um deixa as decisões para o outro. É o caso, por exemplo, quando um dos pais fica mais em casa do que o outro. Os problemas começam quando os pais se separam.

Muitas decisões relativas à criança devem ser tomadas pelo progenitor que lhe é mais próximo. Este é o progenitor com quem a criança vai viver. Como a criança vive geralmente sozinha com um dos progenitores após o divórcio, a separação significa que apenas um dos progenitores tem o direito de tomar decisões sobre o futuro do filho menor.

A guarda conjunta tem por objetivo melhorar a separação e o divórcio, bem como as consequências que lhes estão associadas, e dar a ambos os pais o direito de se envolverem. Ao mesmo tempo, porém, a guarda conjunta tem também um lado negativo.

Se os pais forem simplesmente incapazes de compreender e não fizerem mais do que objetar na presença de crianças quando exercem os seus direitos parentais, existe o risco de a criança ser prejudicada. -

[1] https://constitutions.wordpress.com/tag/constitution-the Países Baixos/

As recomendações psicológicas e sociológicas indicam que não é o divórcio ou a separação que tem um impacto psicológico negativo na criança, mas sim os conflitos e as disputas. Nestes casos, parte-se geralmente do princípio de que é preferível que um progenitor fique com a guarda e o outro com o direito de visita. (Forder, 2009, p. 4).

Os pais que detêm a guarda conjunta podem participar e cooperar tanto quanto desejarem nas decisões relativas aos cuidados parentais. As decisões sobre questões e assuntos do dia a dia são tomadas pelo progenitor com quem a criança vive. As decisões importantes são tomadas por ambos os progenitores.

Nos Países Baixos, o juiz está autorizado a decidir sobre a guarda conjunta em caso de incumprimento do Código Civil.

Nos anos 80, em muitos países da Europa Ocidental, a concessão da guarda conjunta levantava um problema jurídico. Os códigos civis de alguns países não davam ao juiz o direito de conceder a guarda conjunta em caso de divórcio entre os pais.

No entanto, os tribunais eram obrigados a conceder a guarda a um dos progenitores, enquanto aos outros era concedido o direito de visita. Este problema foi resolvido com a invocação da Convenção Europeia dos Direitos do Homem.

Em 1984, o Supremo Tribunal neerlandês decidiu que a ausência do direito de os tribunais atribuírem a guarda conjunta aos pais divorciados viola o artigo 8.º da CEDH (4 de maio de 1984). Este artigo prevê a obrigação do Estado de respeitar a vida privada e familiar do indivíduo. O acórdão declarou que o Estado não tem o direito de interferir na relação entre a criança e os pais pelo simples facto de ter havido um divórcio. (Lupşan G. , 2011). De acordo com o Supremo Tribunal dos Países Baixos, os direitos parentais conjuntos devem continuar a existir mesmo depois de os pais se terem separado ou divorciado. De facto, o Tribunal Europeu dos Direitos do Homem não defendeu que um Estado é obrigado pelo artigo 8.º da Convenção Europeia dos Direitos do Homem a incluir o direito de guarda conjunta no seu próprio código civil. Por conseguinte, o Supremo Tribunal dos Países Baixos invocou o artigo 8º da Convenção. O Tribunal Constitucional Federal alemão tomou uma decisão semelhante no mesmo período. (Forder, 2009, pp. 5-6).

2.2.5.3. A posição do Tribunal de Justiça Europeu sobre a guarda conjunta

Em 2000, tornou-se evidente que o Supremo Tribunal dos Países Baixos estava a dar largas à imaginação no que se refere à guarda conjunta. O Tribunal de Justiça das Comunidades Europeias decidiu dois processos relativos à guarda conjunta: Cerneki contra Áustria e r. [1]W e W C.T.G. contra Áustria . Os autores de ambos os processos eram casais divorciados que recorreram ao Tribunal de Justiça das Comunidades Europeias porque o juiz não lhes concedeu a guarda conjunta. Tratava-se de -

TEDH, processo Cerneki contra Áustria, processo n.º 31061/96, acórdão de 11.07.2000, r. W e

W contra C.T.G.-Áustria, processo n.º 3622/97, acórdão de 22.11.2001, www.echr.coe.int
que não estão previstas no Código Civil austríaco, exceto se ambos os progenitores continuarem a viver juntos sob o mesmo teto. Em ambos os casos, o Tribunal de Justiça das Comunidades Europeias declarou os pedidos inadmissíveis.

O raciocínio do Tribunal nestes dois processos não é fundamentalmente diferente. Nos processos R.W. e C.T.G. - W., os casais alegaram uma violação do artigo 8.º em conjugação com o artigo 14.º da Convenção Europeia, que resultava numa desigualdade de tratamento relativamente à vida privada e familiar em comparação com os pais casados. Também se queixaram de uma violação do artigo 5.º do Protocolo n.º 7 da Convenção Europeia dos Direitos do Homem. Este parágrafo estabelece: "Os cônjuges têm direitos e obrigações iguais para com os filhos antes do casamento, durante o casamento e em caso de dissolução do casamento. Todavia, o presente artigo não impede o Estado de adotar medidas que visem o interesse superior dos filhos". O Tribunal de Justiça das Comunidades Europeias considerou que a decisão dos tribunais austríacos, que não concede a guarda conjunta aos casais que se divorciam, não pode ser contestada, uma vez que não se pode provar que é prejudicial aos interesses dos menores.

2.2.5.4. Legislação neerlandesa sobre a guarda conjunta

No mesmo período em que foi proferida a decisão do Tribunal de Justiça Europeu, os Países Baixos já tinham começado a aplicar a decisão do Supremo Tribunal de 4 de maio de 1984. Em 1 de janeiro de 1998, entrou em vigor uma nova disposição do Código Civil.[28]

A regra era que os pais deveriam ter a guarda conjunta após o divórcio. Outro resultado foi que os pais não devem gozar da guarda conjunta após o divórcio se a guarda de um dos progenitores tiver sido suspensa ou cancelada aquando do divórcio por uma medida de proteção da criança. Se um dos progenitores pretender obter a guarda exclusiva, deve apresentar um pedido nesse sentido e justificar o seu pedido. [29]Se a guarda conjunta for mantida por ambos os pais - o que acontece na maioria dos casos - o juiz está autorizado a determinar o local de residência da criança. O juiz está igualmente autorizado a determinar as modalidades das visitas, a forma como o progenitor com quem a criança vive deve fornecer informações sobre o progenitor não residente ou a forma como os progenitores devem consultar-se mutuamente.[30]

O tribunal está autorizado a revogar a guarda conjunta se as circunstâncias se tiverem alterado ou se a decisão de conceder a guarda conjunta tiver sido tomada com base em informações falsas.
ou informações incompletas.[1] Por alteração das circunstâncias entende-se uma situação em que a relação entre os pais se deteriorou de tal forma que os interesses do menor seriam mais bem servidos com a guarda exclusiva de um dos progenitores. Nesta situação - a cessação da guarda conjunta devido à alteração das circunstâncias - o tribunal deve aplicar os mesmos critérios que se aplicam à decisão de conceder a guarda exclusiva a um dos progenitores aquando do divórcio.

Os efeitos desta lei foram dramáticos. Enquanto antes da legislação a guarda conjunta era concedida em menos de 25% dos casos, desde 1 de janeiro de 1998, a guarda conjunta é concedida em mais de 80% dos casos de casais divorciados. (Forder, 2009, p. 9)

O Código Civil neerlandês estipula no artigo 251:

---

[28]Disposição introduzida pela Lei de 30 de outubro de 1007, Staatsblad 1997, 506, com o número 23 714.
[29]Artigo 827º, Código de Processo Civil; Supremo Tribunal dos Países Baixos, 15 de dezembro de 2000, NJ 2001, 123 m. nt. S.F.M. Wortmann.
[30]Artigo 377.º-H do Código Civil.

1. Durante o casamento, os pais têm a guarda conjunta.

2. Em caso de divórcio, os pais continuam a ter a guarda conjunta, exceto se o tribunal decidir, a pedido de um ou de ambos os pais, confiar a criança a um dos progenitores no interesse superior da criança.

Tal como referido no início, a guarda conjunta após um divórcio nem sempre é do interesse da criança. [2]Por exemplo, se um dos progenitores é toxicodependente do álcool ou sofre de uma doença mental grave, pode não estar em condições de tomar decisões sobre a educação do menor ou sobre o tratamento médico que deve seguir. Nos casos em que os pais têm dificuldade em chegar a um acordo relativamente à criança, os conflitos podem ser tão graves que a continuação da cooperação entre os pais pode não ser no melhor interesse da criança.

Mas qual é a gravidade da situação para que um tribunal neerlandês esteja disposto a recusar ou revogar a guarda conjunta? Em 1999, o Supremo Tribunal dos Países Baixos considerou que o tribunal nacional está limitado pelo artigo 8º da CEDH, na medida em que deve interferir o menos possível na relação entre os pais. Se um progenitor não quiser cooperar com o seu ex-marido ou ex-mulher na tomada de decisões relativas à guarda dos filhos, tal não é suficiente para que o tribunal se afaste da regra geral e conceda a guarda exclusiva.[3]

Mesmo que ambos os progenitores requeiram a guarda única e o direito de visita, tal não constitui uma base suficiente para uma decisão final do tribunal. De facto, a guarda única só é garantida se os pais conseguirem convencer o tribunal de que -

[1]Artigo 253.o -N do Código Civil (1).

[2]O Supremo Tribunal dos Países Baixos, em 18 de março de 2005, LJN AS 8525.

[3]O Supremo Tribunal, em 10 de setembro de 1999, 20 m NJ2000. nt. S.F.M. Wortmann "; O Supremo Tribunal em 15 de dezembro de 2000, NJ, 2001, 123 m nt S.F.M. Wortmann ".

que um acordo de guarda única serve melhor os interesses da criança do que a guarda conjunta.

O Supremo Tribunal dos Países Baixos efectuou um exame para determinar quando pode ser autorizado o pedido de guarda para um dos progenitores únicos. O juiz deve estar convencido de que os problemas dos pais são tão graves que o risco de o menor sofrer em consequência da manutenção da guarda conjunta é tão grande que não pode ser aceite e não deve esperar, uma vez que os problemas dos pais podem ser resolvidos num futuro próximo. Estes critérios, que exprimem uma forte política a favor da guarda conjunta, foram objeto de críticas consideráveis por parte dos académicos. Argumenta-se que, em demasiados casos, a guarda conjunta não corresponde ao interesse superior da criança e que o teste do Supremo Tribunal não tem suficientemente em conta esse interesse (Forder, 2009, p. 11).

Uma questão sensível no âmbito da guarda conjunta é a audição da criança. Depois de algumas decisões judiciais nos Países Baixos terem sido recebidas com desconfiança pelo facto de terem discutido a audição de crianças, apesar de serem precoces, o Tribunal de Justiça Europeu voltou a pôr em causa esta questão. Se a personalidade, os motivos e os desejos da criança são de importância decisiva no processo de decisão, então a criança deve ser ouvida, mesmo que ainda seja muito jovem. [31]Este argumento foi defendido pelo Tribunal de Justiça no processo Juciuviene v Jucius & Lithuania, em que duas raparigas muito jovens, com menos de sete anos, perderam os pais num acidente de viação. O tribunal teve de decidir se a guarda das duas órfãs devia ser entregue aos avós. Estes avós eram uma tia e o seu marido, que também queriam a guarda das duas raparigas. Numa

[1]Tribunal Europeu dos Direitos do Homem, 25 de novembro de 2008, número 14414/03.

primeira fase, o tribunal atribuiu a guarda da menina mais nova - com dois anos na altura - aos avós. O tribunal atribuiu a guarda da menina mais velha, de seis anos, aos tios. Os avós interpuseram recurso. O tribunal de recurso não marcou qualquer audiência. A menina mais velha, que na altura ainda não tinha sete anos, nunca escondeu que queria viver com os tios. O tribunal de recurso tinha conhecimento deste forte desejo, mas ignorou-o e atribuiu a guarda aos avós. O Tribunal de Recurso considerou que, apesar de a menina ter manifestado muito claramente a sua vontade, era "muito jovem". O Tribunal argumentou que o facto de o Tribunal de Recurso não ter ouvido a menor constituía uma violação do artigo 8.º da Convenção Europeia. O Tribunal Europeu afirmou que a audição da criança, da sua tia e do seu tio é essencial para tomar uma decisão sobre o futuro da criança. Trata-se de uma decisão que altera as circunstâncias reais e, neste caso, o carácter da criança, e o artigo 809.º do Código de Processo Civil neerlandês estipula que o juiz deve ouvir a criança em todas as questões que lhe digam respeito. O tribunal é obrigado a ouvir a criança a partir dos 12 anos de idade. Os tribunais neerlandeses têm a possibilidade de ouvir as crianças mais novas, mas também estão autorizados a renunciar a essa audição. Na prática, nunca é negada a palavra a uma criança que a pede ao juiz. Um limite de idade diferente aplica-se aos casos de alimentos. Nestes casos, o juiz é obrigado a ouvir os filhos com 16 anos ou mais; no caso dos filhos mais novos, a audição é discricionária.

Durante o processo de divórcio, quando o processo de guarda ou de visita está em curso, o tribunal envia um convite ao menor com 12 anos ou mais. Cabe à criança decidir se está disposta a falar com o juiz ou a enviar uma carta. Normalmente, uma criança com menos de 12 anos não recebe um convite. No entanto, a prática varia. Se o juiz tiver notado algo no relatório da agência de proteção da criança que possa ser motivo de preocupação, pode também convidar uma criança mais nova para as entrevistas.

A conversa entre o juiz e a criança não é secreta e o conselheiro jurídico toma nota da conversa entre o juiz e a criança. A criança é autorizada a ler e a assinar o documento. Se os pais estiverem a divorciar-se e estiver em causa a guarda ou o direito de visita, o juiz informa-os verbalmente dos pontos mais importantes da conversa com a criança. A criança é informada antes da reunião com o juiz de que os pontos mais importantes da reunião serão dados a conhecer aos pais. Os pais não têm acesso ao relatório escrito do assistente do tribunal e não podem ler as cartas que a criança escreve ao tribunal, e muitos juízes sentem-se desconfortáveis com o facto de a discussão não ser secreta. Antes de a lei ser diferente, os tribunais garantiam a privacidade das crianças. A lei foi alterada em 1 de setembro de 2007. Nessa altura, foi estabelecido que os pais têm o direito de ser informados sobre o que os seus filhos dizem, tal como garantido nos artigos 6.º e 8. A discussão com o juiz é frequentemente muito importante para a decisão final. E os direitos dos pais são afectados por esta decisão. [32]O Tribunal de Justiça Europeu defendeu que os pais têm o direito de ser informados. O Tribunal de Justiça Europeu defendeu também que os pais devem ter a oportunidade de compreender o que se passou na família. Além disso, o progenitor não deve ser penalizado quando o caso é julgado em tribunal. Se não for informado das informações cruciais que estão na base da decisão do juiz (por exemplo: não quero viver com o meu pai), o progenitor é colocado injustamente numa posição desfavorável. [33]No entanto, muitos juízes são da opinião de que esta regra neerlandesa de transparência causa problemas às crianças. Consideram que algumas crianças podem ter relutância em falar com o juiz se os pais forem informados do conteúdo da conversa.

[32]T.P. e K.M. v. Reino Unido e Países Baixos v. Venema, www.echr.coe.int.
[33]Áustria contra o TEDH no processo Moser, www.echr.coe.int.

Assim, a criança já não pode falar livremente, mas deve ter o cuidado de não ferir os sentimentos dos pais. Estudos realizados na Austrália mostraram que esta transparência é um fator negativo para algumas crianças. (Forder, 2009, pp. 13-15) A forma como estas regras são postas em prática varia muito nos Países Baixos. Muitos juízes convocam a criança de qualquer forma, mesmo que tudo pareça estar em ordem. Se a entrevista com a criança lhe der motivos para duvidar da compatibilidade da guarda conjunta, o juiz solicitará uma audiência com os pais da criança. Assim, o desejo da criança de levar os pais ao tribunal pode ser satisfeito. No entanto, na prática, parece que apenas algumas crianças que estão realmente descontentes com o regime de guarda não podem ser ouvidas, nomeadamente as que ainda não atingiram a idade de 12 anos. Não têm ainda 12 anos. Isto não parece estar em conformidade com a legislação do Tribunal de Justiça Europeu. Por conseguinte, também não está em conformidade com o artigo 12º da Convenção sobre os Direitos da Criança.

CAPÍTULO 3 PROTECÇÃO DAS

CRIANÇAS NO MUNDO DIGITAL E AUDIOVISUAL

3.1. Introdução

A sociedade da informação permite-nos viver num mundo inundado de notícias divulgadas pelos meios de comunicação social. Parece não haver limites para a informação disponível, desde o jornal local aos e-mails nos telemóveis, passando pela rádio e pela televisão transmitida através da Internet. Estaremos melhores e mais informados nestas circunstâncias?

Estão a surgir novos desafios. Por um lado, os novos meios de comunicação fornecem inúmeras fontes de informação no espaço público e permitem a todos enviar mensagens no espaço público de uma forma nunca antes possível. É cada vez mais difícil orientar-se nesta "grande informação". Os problemas surgem não só da massa de informação, mas também da natureza dos meios de comunicação. A realidade mediática não se sobrepõe à verdadeira realidade. Mas num mundo dominado pela cultura dos media, as fronteiras entre a realidade e a ficção estão a esbater-se.

Para muitas crianças e jovens, os novos meios de comunicação social e a Internet em particular são muito mais do que uma fonte fiável de informação sobre o mundo. Tornaram-se o seu mundo, a sua "realidade virtual", onde o bem e o mal podem "fazer e desfazer". Os jovens estão muito mais ansiosos do que os adultos para pôr em prática as novas tecnologias com que se sentem confortáveis, mas sem a capacidade de fazer juízos de valor sobre os conteúdos a que têm acesso tão facilmente.

Os pais e os professores ficam muitas vezes desamparados quando tentam harmonizar a sua própria experiência de vida com a experiência mediática dos seus filhos ou alunos.

Estudos realizados nos Estados membros do Conselho da Europa sobre o consumo de programas audiovisuais por crianças e jovens mostram que estes passam em média 1500 horas por ano em frente aos ecrãs (televisão, cinema, Internet), mas apenas 850 horas com professores e 50 horas com os pais. Estes dados apontam para uma situação de transição em que a cultura americana surge a par dos sistemas fixos e compactos da cultura nacional. O aspeto mais importante é a dissonância entre os valores e os comportamentos que emergem da experiência de visionamento das crianças e a forma como são interpretados nas instituições em desenvolvimento (escola, família, igreja). (Botnaru M., 2006, pp. 9-10)

Embora a idade até à qual as crianças devem ser protegidas de programas audiovisuais susceptíveis de prejudicar o seu desenvolvimento físico, mental e moral varie de país para país, esta obrigação consta da legislação de todos os países. A
A importância dos conteúdos que podem afetar o desenvolvimento das crianças varia de acordo com a cultura, os costumes e as tradições de cada país.

Por exemplo, nos países europeus com uma visão mais relaxada, a nudez é permitida em programas de televisão a qualquer hora, mas a nudez com referências sexuais só é permitida em programas acessíveis a adultos. Nos países muçulmanos, por outro lado, a nudez nos programas de televisão não é permitida em nenhum intervalo de tempo.

Também se podem encontrar discrepâncias semelhantes na representação da violência. Materiais que são vistos à hora do pequeno-almoço nos EUA, por exemplo, podem não ser vistos antes da meia-noite na Europa Ocidental devido ao seu conteúdo violento. Estas diferenças mostram que só pode haver um conjunto de normas que seja universalmente aplicável. (Botnaru M., 2006, pp. 11-12)

O comportamento de utilização dos meios de comunicação social por parte dos consumidores, especialmente dos menores, alterou-se significativamente. Estes utilizam cada vez mais meios de comunicação através de dispositivos móveis, incluindo jogos de vídeo em linha, o que está a levar a um aumento da procura de serviços Internet a pedido. Enquanto fenómeno novo, as redes sociais tornaram-se muito importantes, tanto para os utilizadores individuais como para a sociedade. A partir de agora, registar-se-ão inúmeras mudanças. Todos estes novos desenvolvimentos oferecem inúmeras oportunidades aos menores e, ao mesmo tempo, representam um desafio especial para a sua proteção.

3.2. O contexto europeu

Embora a proteção dos menores e da dignidade humana no contexto dos serviços electrónicos seja considerada principalmente como uma questão dos Estados-Membros, existem ramificações em toda a Europa e as instituições comunitárias expressaram em numerosas ocasiões a importância que atribuem à proteção destes interesses em geral.[1]

Do ponto de vista da legislação da UE e dos instrumentos oferecidos neste domínio, há dois tópicos que merecem especial atenção:

Em primeiro lugar, o princípio da livre circulação de serviços na União, que implica a eliminação de obstáculos injustificados e, em alguns casos, a harmonização das legislações, e, em segundo lugar, o Tratado da UE prevê um procedimento de cooperação no domínio da justiça e dos assuntos internos, que pode aplicar-se a algumas questões relacionadas com a proteção dos menores e da dignidade humana no contexto dos programas de prestação de serviços electrónicos. (Botnaru M., 2006, p. 35)

A Comissão considera que a cooperação com as autoridades nacionais e as grandes indústrias é uma prioridade para a ação da UE em muitos domínios. -

[1]Declaração conjunta do Parlamento Europeu, do Conselho, dos representantes dos Estados-Membros e da Comissão, de 11 de junho de 1986, contra o racismo e a xenofobia.

Relatório da Comissão ao Parlamento Europeu, ao Conselho, ao Comité Económico e Social Europeu e ao Comité das Regiões, de 13 de setembro de 2011, sobre a aplicação da Recomendação do Conselho, de 24 de setembro de 1998, relativa à proteção dos menores e da dignidade humana, e da Recomendação do Parlamento Europeu e do Conselho, de 20 de dezembro de 2006, relativa à proteção dos menores e da dignidade humana e ao direito de resposta em relação à competitividade da indústria europeia do audiovisual e da informação em linha, intitulada "A proteção das crianças no ambiente digital".[34] O relatório do Parlamento Europeu e do Conselho, de 13 de dezembro de 2006, sobre a proteção dos menores e da dignidade humana e o direito de resposta em relação à competitividade da indústria europeia do audiovisual e da informação em linha, intitulado "A proteção das crianças no ambiente digital", analisa as medidas tomadas pelos Estados-Membros para proteger as crianças no ambiente digital. O relatório dá seguimento à Recomendação de 2006 relativa à proteção dos menores nos serviços audiovisuais e de informação e à Recomendação de 1998 relativa à proteção dos menores e da dignidade humana.

O relatório apresenta iniciativas que os Estados-Membros tomaram para combater os conteúdos discriminatórios, ilegais ou nocivos em linha. Trata-se sobretudo de empresas ou de códigos de conduta. Por exemplo, oferecem a rotulagem de sítios Web adequados.

O nível de proteção proporcionado por este tipo de iniciativa varia de um Estado-Membro para outro. As medidas existentes devem ser objeto de um acompanhamento permanente para garantir a sua eficácia.

Os conteúdos ilegais ou lesivos provêm de outros Estados-Membros da UE ou de

---

[34] COM (2011) 556 final - não publicado no Jornal Oficial.

países terceiros. Uma abordagem coordenada a nível europeu e depois internacional permitiria harmonizar a proteção contra este tipo de conteúdos.

A Agenda Digital para a Europa prevê a criação, até 2013, de várias linhas diretas para a comunicação de conteúdos ofensivos ou nocivos em linha. Essas linhas diretas devem ser co-financiadas pelo programa "Para uma Internet mais segura". Além disso, as linhas diretas no contexto da iniciativa INHOPE Internet são um instrumento para uma cooperação eficaz entre os Estados-Membros e os países terceiros. Além disso, serão introduzidos e retirados procedimentos de denúncia para incentivar os fornecedores de serviços Internet a eliminarem os conteúdos ilegais comunicados por uma pessoa através da linha direta telefónica.

No entanto, a Comissão apela aos Estados-Membros para que acompanhem de perto as suas linhas. Estas linhas ainda não são conhecidas nem estão acessíveis aos utilizadores da Internet e às crianças.

Os fornecedores de serviços Internet são chamados a mostrar um maior empenho na proteção dos menores. A aplicação de códigos de conduta deve ser muito mais generalizada e acompanhada de perto. Além disso, uma participação mais ativa dos consumidores e das autoridades públicas na elaboração dos códigos de conduta deverá garantir que a autorregulação
responder efetivamente às exigências do mundo digital num ambiente em rápida evolução.

As redes sociais em linha alteraram profundamente o comportamento dos menores no que respeita à sua interação e comunicação entre si. Estas redes comportam muitos riscos, como conteúdos ilegais e inadequados, comportamentos impróprios para a idade e contactos inadequados.

Um dos meios mencionados no relatório para fazer face a estes riscos pode ser a elaboração de diretrizes comportamentais para os fornecedores de redes sociais. A Comissão incentiva o desenvolvimento de centros de informação e a criação de estruturas administrativas para os proprietários que as utilizam nas redes sociais.

Os Estados-Membros comprometeram-se a reforçar a educação nos meios de comunicação social. Existem numerosas iniciativas neste domínio, como as parcerias público-privadas ou o projeto *EU Children Online*. No entanto, o envolvimento de todas as crianças e dos seus pais e a harmonização entre os Estados-Membros e as escolas continuam a ser um grande desafio, embora a integração da educação para os meios de comunicação social no ambiente escolar esteja a dar resultados positivos.

Restringir o acesso de menores a conteúdos **através de sistemas de classificação etária** e de classificação de conteúdos. Existem atualmente sistemas de classificação e classificação de conteúdos audiovisuais que são considerados suficientes ou eficazes em alguns Estados-Membros, enquanto outros consideram que devem ser melhorados.

Os sistemas técnicos, como os sistemas de filtragem, os sistemas de verificação da idade ou os sistemas de controlo parental, podem ser úteis, mas não podem garantir o pleno acesso para manter os menores afastados dos conteúdos. Os assinantes estão cada vez mais conscientes da existência de sistemas de filtragem e classificação e de software de verificação da idade. No entanto, os Estados-Membros continuam a discordar quanto à utilidade, à pertinência (em termos do direito à informação e do risco de censura), à viabilidade técnica e à fiabilidade dos sistemas técnicos. Além disso, os Estados-Membros sublinham a necessidade de transparência no que respeita à inclusão de determinados conteúdos numa "lista negra" e à possibilidade de os retirar dessa lista.

Embora a maioria dos Estados-Membros esteja a considerar a possibilidade de introduzir sistemas de classificação e categorização adequados à idade e melhorados, ainda não existe consenso sobre um sistema de classificação à escala europeia para os conteúdos dos meios de comunicação social. O relatório apela a que sejam tidos em conta os sistemas inovadores de classificação de conteúdos no domínio das tecnologias da informação e da comunicação.

A Comissão constatou um certo atraso nos serviços de televisão a pedido em termos de sistemas de co-regulação e de autorregulação para proteger os menores de conteúdos nocivos e em termos dos meios técnicos disponíveis para a prestação de serviços selectivos.

Acesso a conteúdos em linha para crianças. Devem ser promovidos mais sistemas de classificação etária e restrições aos horários de emissão deste tipo de serviços de comunicação audiovisuais.

Com exceção da Alemanha, todos os Estados-Membros utilizam o sistema pan-europeu de informação sobre jogos para a proteção de menores no que respeita à utilização de jogos de vídeo. O presente relatório mostra que seria conveniente adotar mais medidas de sensibilização, nomeadamente em matéria de prevenção, nas escolas. Além disso, são necessários mais progressos para garantir que os sistemas de classificação etária para a venda de jogos de vídeo sejam respeitados.

3.3. A política iniciada pelo Conselho da Europa

Em 2006, o Comité de Ministros do Conselho da Europa, em conformidade com o artigo 15.º-B do Conselho da Europa, solicitou ao Grupo de Peritos em Direitos Humanos na Sociedade da Informação que apresentasse um projeto de recomendação aos Estados-Membros para determinar se é necessário desenvolver uma estratégia coerente para introduzir as crianças e os professores na maximização dos benefícios das tecnologias da informação e dos novos serviços de comunicação. (Botnaru M., 2006, p. 18)

Para atingir este objetivo, os Estados-Membros são obrigados a garantir que as crianças adquiram as competências necessárias para a criação, produção e difusão de conteúdos e comunicações no novo ambiente da informação durante o processo educativo, tanto formal como informalmente, de uma forma que respeite os direitos e liberdades fundamentais dos outros, em particular o direito à expressão e à informação, em equilíbrio com o direito a uma vida íntima.

Neste contexto, os Estados-Membros devem incentivar a produção e a divulgação de material didático e de apoio pedagógico para ajudar os professores a identificar e a lidar de forma responsável com conteúdos e comportamentos que representem um risco para o desenvolvimento normal das crianças.

Foram também consideradas como estratégias de sensibilização, informação e formação dos professores para preparar verdadeiramente os alunos para prevenir e limitar os conteúdos e comportamentos de risco.

Como boa condição prévia para preparar os professores para a educação para os media, foram propostos programas de investigação para estudar as motivações e o comportamento das crianças em diferentes fases de desenvolvimento. Estes programas de investigação devem ser levados a cabo com o apoio dos "actores" do sector público-privado envolvidos na criação de conteúdos e na comunicação relacionada com a utilização dos serviços das tecnologias da informação.

O Conselho da Europa está empenhado em fornecer orientações aos decisores políticos, aos meios de comunicação social e aos profissionais da educação, a fim de preparar as crianças para a utilização dos conteúdos e serviços da sociedade da informação, mas também desenvolver o pensamento crítico e a participação ativa através da informação e da educação para preparar as crianças para a utilização geral dos conteúdos e serviços dos media. (Botnaru M., 2006, p. 19)

3.4. A iniciativa da Comissão Europeia [1]

A nível da UE, a Comissão Europeia iniciou um projeto de investigação sobre a educação para os meios de comunicação social no âmbito da Direção-Geral da Sociedade da Informação, do Audiovisual e da Política dos Meios de Comunicação Social. A União Europeia considera que são necessários quatro tipos de acções para a aplicação das políticas e medidas audiovisuais:

1. Criação de um quadro jurídico, atualmente constituído pela Diretiva "Televisão sem Fronteiras", que permite a criação e o funcionamento de um mercado único da radiodifusão; uma proposta legislativa para uma nova diretiva relativa aos serviços de comunicação social audiovisual; recomendações para a proteção dos menores num ambiente de informação e do património cinematográfico europeu.

2. Como estratégias para a aplicação da política audiovisual e dos meios de comunicação social, a Comissão Europeia proporcionou mecanismos de apoio através de programas de comunicação social a nível europeu para complementar os existentes a nível nacional;

3. Outras medidas estão a ser promovidas no que diz respeito à distribuição de conteúdos audiovisuais através de redes electrónicas e destinam-se a proteger os menores dos conteúdos acessíveis através de serviços em linha e à educação para os meios de comunicação social.

4. Acções externas, em especial os interesses culturais europeus no âmbito da Organização Mundial do Comércio.

No que diz respeito à educação para os meios de comunicação social, a Comissão Europeia considera que esta área representa uma forte força económica e social.

Numa petição sobre literacia mediática iniciada pela Comissão Europeia, o grupo de peritos criado para examinar esta questão considerou necessário o seguinte conceito:

-A literacia mediática é a capacidade de aceder, analisar e avaliar o poder das imagens, dos sons e das mensagens com que somos confrontados hoje em dia e que constituem habitualmente uma parte importante da nossa cultura contemporânea, bem como a capacidade de comunicar de forma competente num sistema de comunicação de massas.

5. O objetivo da educação para os meios de comunicação é sensibilizar para as diferentes formas que as mensagens dos meios de comunicação podem assumir e com as quais nos deparamos repetidamente na vida quotidiana. -

Política do Audiovisual e dos Media, Comissão Europeia, Direção-Geral da Sociedade da Informação, Media Educativos; http://ec.europa.eu/comm/avpolicy/index_en.htm

6. A educação para os meios de comunicação social deve promover o pensamento crítico e a capacidade de resolução de problemas, de modo a que os alunos possam tornar-se consumidores e produtores racionais. A educação para os media faz parte do direito de todos os cidadãos à liberdade de expressão e ao direito à informação, dois aspectos importantes da construção e manutenção da democracia.

7. Atualmente, a educação para os meios de comunicação social é um pré-requisito essencial para o exercício dos direitos civis e é um dos contextos em que o diálogo intercultural deve ser promovido.

Embora a importância deste domínio seja amplamente reconhecida, os avanços variam de país para país ou de regime para regime por razões financeiras.

A Austrália, a Nova Zelândia e o Canadá são os países mais avançados do mundo em termos de educação; a educação para os meios de comunicação social é uma disciplina obrigatória nos currículos escolares, oferecida como disciplina separada ou como parte do ensino da língua materna. Nos países acima referidos, existem parcerias entre o sector e as autoridades reguladoras; muitas associações publicam revistas e brochuras e algumas dispõem mesmo de vastos sítios Web sobre o assunto.

Nos Estados Unidos, que não ratificaram a Convenção das Nações Unidas sobre os Direitos da Criança, um número impressionante de organizações não governamentais e de governos abordou a questão da educação para os media com algum sucesso. Na América Latina, a atividade mais interessante e produtiva deste tipo apoia actividades baseadas em projectos de comunidades locais para jovens. (Botnaru M., 2006, p. 2022)

Muitos países da Europa começaram também a desenvolver e a apoiar as suas próprias iniciativas de educação para os media, tanto a nível da educação formal como da educação não formal. Em geral, a educação para os media é ensinada no sistema de ensino formal na maioria dos Estados-Membros, quer como disciplina separada, quer integrada noutras disciplinas. Para citar apenas alguns exemplos: Na Irlanda, os novos programas incluem a educação para os media como disciplina escolar durante os anos do ensino primário. No Reino Unido, é ensinada como parte das aulas de inglês a partir do terceiro ano. Na Suécia, a educação e a educação para os media fazem parte do currículo da escola primária. No Reino Unido, cinco universidades oferecem programas de mestrado em educação para os media.

3.5. Linhas prioritárias de cooperação na União Europeia

[35]A cooperação no domínio da justiça e dos assuntos internos, introduzida pelo Tratado da União Europeia, desempenha um papel fundamental no debate sobre a proteção dos menores e da dignidade humana no contexto dos novos serviços electrónicos, especialmente na aplicação de sanções penais a determinados tipos de conteúdos.

Uma situação relativamente nova é a das cenas de violência gravadas em telemóveis na escola, que visam a violência entre alunos, entre alunos e professores ou cenas de sexo na escola, que são depois colocadas em sítios Web acessíveis a todos. As sanções aplicáveis neste caso não são adequadas para dissuadir tais práticas ilegais destinadas a colocar conteúdos indecentes em sítios Web acessíveis a todos os grupos etários.

Por esta razão, existe uma clara necessidade de uma melhor cooperação entre os Estados-Membros para combater materiais e práticas ilegais utilizando as novas tecnologias.

A fim de facilitar a emergência de soluções eficazes a nível da UE, a Comissão considera importante identificar certas linhas de cooperação.

Trata-se de uma cooperação administrativa entre as autoridades nacionais com o objetivo de criar um quadro jurídico coerente para a proteção dos menores e da dignidade humana. A cooperação baseia-se no intercâmbio de informações sobre os progressos realizados, em análises comparativas da legislação nacional e da sua aplicação, com vista a introduzir normas mínimas comuns para o material ilegal e, por último, mas não menos importante, na elaboração de recomendações para a cooperação no domínio da justiça e

---

[35]O Título VI do Tratado que institui a União Europeia contém disposições relativas à cooperação nos domínios da justiça e dos assuntos internos. A proposta destinada a garantir a transparência no mercado interno dos serviços da sociedade da informação (COM (96) 392) prevê um sistema de base para assegurar um equilíbrio entre o nível de proteção dos interesses gerais da Comunidade Europeia, incluindo a proteção dos menores e dignidade humana, e a livre circulação dos serviços electrónicos quando a Comissão decide tomar medidas regulamentares.

dos assuntos internos.

É igualmente desejável estabelecer um quadro comum para a autorregulação na Europa, incluindo objectivos para a proteção de menores e a proteção da dignidade humana, que são os requisitos básicos para a autorregulação. (Botnaru M., 2006, p. 37)

O segundo tipo é a cooperação com as indústrias relevantes, que desempenham um papel importante no desenvolvimento e aplicação de soluções para os problemas da proteção dos menores e da dignidade humana.

A capacidade de as indústrias audiovisuais falarem a uma só voz, através de organismos verdadeiramente representativos, é crucial para a abordagem das políticas e estratégias audiovisuais.

Existem objectivos a médio e longo prazo para a cooperação no domínio da informação e da sensibilização dos utilizadores para os riscos a que as crianças estão expostas quando seguem programas cujo conteúdo pode prejudicar o seu desenvolvimento normal.

Isto inclui informar os utilizadores de novos serviços electrónicos (especialmente os pais e os menores) sobre os riscos específicos envolvidos e sobre o facto de poderem utilizar métodos de proteção eficazes, mas também sensibilizar os pais para a sua responsabilidade de controlar as actividades dos filhos.

Os serviços descentralizados e a Internet, em particular, merecem uma atenção urgente e uma atenção especial à proteção dos menores e da dignidade humana. Tornou-se evidente que a União Europeia deve desempenhar um papel importante na resolução dos problemas, tendo em conta os limites das soluções nacionais e os relativos à criação e aplicação de soluções globais. Mas o potencial de desenvolvimento dos serviços transnacionais é tão descentralizado que as soluções comuns ou compatíveis merecem ser procuradas a nível da UE. (Botnaru M., 2006, pp. 38-39)

CAPÍTULO 4 CONCLUSÕES

O respeito pelos direitos humanos e pela dignidade humana é a base da liberdade, da justiça e da paz no mundo. A humanidade no seu conjunto é responsável pela proteção dos direitos humanos em geral e dos direitos das crianças em particular.

Milhões de crianças morreram na Europa devido ao frio, à fome ou às colheitas. Foi então que as Nações Unidas criaram a UNICEF, que tem como objetivo ajudar e proteger as vidas mais importantes das crianças, garantindo o seu pleno desenvolvimento. Para ajudar as crianças necessitadas, a UNICEF enviou alimentos, água e roupas e conseguiu salvar 10.000.000.000 de crianças em apenas 3 anos.

Este tratado é um estudo científico, mas é também um grito de socorro para os milhões de crianças necessitadas deste mundo, feito talvez mais com a alma do que com o livro na mão e baseado mais na realidade de ontem e de hoje do que nas palavras feitas nas leis por aqueles que talvez até desejassem o progresso.

No entanto, tinha de se basear em investigações anteriores nesta área, mas também de ter em conta as realidades da vida quotidiana, as realidades com que somos confrontados diariamente, quer diretamente, quer através dos meios de comunicação social. Pensamos que é importante continuar a falar das crianças, dos seus direitos e da sua proteção. Acreditamos que, por muito boa ou imperfeita que seja a legislação, temos de a melhorar constantemente e que nunca nos devemos esquecer de recordar e responsabilizar aqueles que, de uma forma ou de outra, se opõem à nossa tentativa de criar um sistema mais eficaz de proteção das crianças e dos seus direitos.

Qualquer análise da situação da criança, tanto na Roménia como na Europa, faz referência às categorias de crianças cujo desenvolvimento ou integridade física e moral é prejudicado. Os dados estatísticos que têm sido apresentados ao longo do tempo mostram uma verdade dramática: não houve uma redução significativa do número de crianças empregadas em categorias desfavorecidas e, além disso, há uma série de categorias de crianças necessitadas de que não se falava nos primeiros anos da década: crianças trabalhadoras, crianças que consomem drogas, crianças vítimas de abusos sexuais, crianças refugiadas. Um facto positivo é que, assim que as pessoas compreenderam os contornos de algumas categorias de crianças necessitadas, foi feita uma discriminação positiva em relação a elas. Em particular, foram lançados programas europeus por organizações não governamentais, individualmente ou em parceria, a nível nacional ou local, para melhorar a qualidade de vida destas crianças.

As crianças não devem ser vítimas de qualquer forma de abuso. O artigo 34º da Convenção das Nações Unidas sobre os Direitos da Criança estabelece que "todas as crianças devem ser protegidas contra todas as formas de exploração ou abuso" e que devem ser tomadas todas as medidas necessárias para garantir que as crianças não sejam vítimas de qualquer forma de abuso.

Devem ser tomadas medidas para evitar tais situações. And therefore nu putem limita drepturile copilului doar la aceste aspecte deja prezentate.

Atualmente, o abuso de crianças parece estar a aumentar, se nos referirmos aos anos em que o fenómeno foi "descoberto". Ao mesmo tempo, a preocupação do público está a aumentar e estão a ser feitas tentativas para definir as reacções da sociedade e desenvolver actividades profissionais nesta área. A definição de abuso de crianças levanta constantemente numerosos problemas práticos e morais. As dificuldades são exacerbadas pelo confronto com os pais, pela sensibilidade da opinião pública e, não menos importante, pela grave falta de informação exacta, centralmente recolhida e coordenada.

As medidas preventivas e de proteção também não são fáceis de aplicar, principalmente porque não existem soluções universais ou exclusivas.

O estudo da forma como as crianças e os adultos percepcionam os direitos da criança e o seu cumprimento é, ao mesmo tempo, um estudo sobre o futuro da sociedade. A divulgação e a proteção dos direitos da criança não devem ser vistas apenas de um ponto de vista humanitário e caritativo, mas sobretudo do ponto de vista do seu valor para a ação, a construção de um futuro melhor e mais seguro. A sociedade da informação deve ser encarada não só em termos dos modernos meios de comunicação a que as crianças e os adultos têm acesso, mas também em termos das regras e leis que devem conhecer para que o sistema funcione.

A Convenção das Nações Unidas sobre os Direitos da Criança é um dos instrumentos mais úteis de que dispomos para concretizar este ideal. Embora tenha sido traduzida graças aos esforços da organização "Save the Children" e esteja disponível em versão impressa tanto para adultos como para crianças, os direitos da criança continuam a ser um grande desconhecido tanto para os decisores políticos como para o público em geral.

BIBLIOGRAFIA

Agafitei, Iolanda, *Medidas de proteção de menores segundo a jurisprudência do TEDH*, Jurisclasor CEDO, 07/07/2011;

Ancel B., Muir-Watt H., *The best interests of the child in the courts recital: Regulation Brussels II bis*, The journal of private international law and comparative private law, 2006;

Bogdan D., Selegean M., *Rights and fundamental freedoms in the ECHR case-law*, Ed. Alle Beck, Bucareste, 2005;

Bogdan D., Selegean M., *Case law of the ECHR-studies and comments*, The National Institute of Magistracy, 2005;

Botnaru M., Anghel R., *Freedom of expression and the protection of minors in broadcasting*, The Romanian Institute for human rights, Ed. IRDO, Bucareste, 2006;

Bârsan, Corneliu, *The European Convention on Human Rights. Commentary on the Articles*, Vol. I, Ed. C. H. Beck, Bucareste, 2005;

Chirita R., *The European Convention on Human Rights. Commentaries and Explanations*, Vol. II, Ed. C. H. Beck, Bucareste, 2007;

Fiorini, Aude, *Roma III - Choice of Law in Divorce: A europeização do direito da família vai demasiado longe?*, International Journal of Law Policy and the Family, 2008;

Forder, Caroline, *The right contact/access and custody in the light of the ECHR cases: a Dutch perspective*, Conferência sobre "Current Trends in justice for the child and the family", Bucareste, 15-16 de outubro de 2009;

Goering, Laurie, *International divorce a Murky Pit*, The Chicago Tribune, 14 de novembro de 2008;

Harris D. J., O'Boyle, Warbrick C., *Law of the European Convention on Human Rights*, ed. Butterworths, London-Dublin-Edinburgh, 1995;

Kruger, Thalia, *Rome III and the choice of parties*, Conferência da ERA sobre Direito da Família, Trier, 24-25 de setembro de 2012;

Lupsan, Gabriela, Direito da Família, Ed. Junimea, Iasi, 2001;

Lupsan, Gabriela, *Brussels II bis Regulation and Jurisdiction Courts in Romanian grounds for Divorce*, Ata Juridica Universitatis Juridica, vol 8, nr. 3/2010;

Lupsan, Gabriela, *A proteção da criança no direito europeu*, Ed. Universitara Danubius, Galati, 2011;

Lupsan, Gabriela, *Guia de direito internacional privado no domínio do direito da família*, Onesti, Magic Print, 2014;

Pop, Valentina, *Twelve EU states approach common divorce rules*, Euobserver.com, retras 13.12.2011;

Szocs, Tibor, *Certas questões do Regulamento Bruxelas II-a (2201/2003/CE)*, Europa pentru Notari, Notari pentru Europa, București, 23 de maio de 2014;

Vucheva, Elitsa, *"As regras do divórcio podem dividir os Estados da UE"*, Euobserver.com, retras 21.01.2015.

De Almeida, João Gomes, *Regulamento Roma III, uma breve panorâmica*, Europa pentru Notari, Notari pentru Europa, București, 23 de maio de 2014.

LEGISLAÇÃO NACIONAL

Constituição da Roménia

O Código Civil

Lei n.º 87/2007, de 3.4.2007 (publicada no Diário da República, Parte I, n.º 257, de 17.4.2007), relativa à ratificação da Convenção sobre as Relações Pessoais das Crianças, concluída em Estrasburgo em 15 de maio de 2003.

Lei n.º 272/21 de junho de 2004 sobre a proteção e a promoção dos direitos da criança.

LEGISLAÇÃO INTERNACIONAL

Regulamento (CE) n° 1782/2003 da Comissão. 1829/2003 relativo à competência, ao reconhecimento e à execução de decisões em matéria matrimonial e em matéria de responsabilidade parental e que revoga o Regulamento (CE) n.º 1782/2003. 1347/2000.

Regulamento (UE) n.º 1259/2010 da Comissão relativo à execução de uma cooperação reforçada no domínio da lei aplicável em matéria de divórcio e separação judicial dos cônjuges.

Regulamento n.º 1347/2000 relativo à competência, ao reconhecimento e à execução de decisões em matéria de divórcio, separação e anulação do casamento e de decisões em matéria de responsabilidade parental em relação a filhos comuns do casal.

Convenção de Haia, de 25 de outubro de 1980, sobre os Aspectos Civis do Rapto Internacional de Crianças.

A Constituição dos Países Baixos.

Código Civil neerlandês.

Código de Processo Civil neerlandês.

A Convenção Europeia para a Proteção dos Direitos do Homem.

A Convenção das Nações Unidas sobre os Direitos da Criança.

FONTES ONLINE

www.echr.coe.int

https://constitutii.wordpress.com/tag/constitutia-the Países Baixos/

http://www.hcch.net.

http://ec.europa.eu/justice_home/judicialatlascivil/html/index_en.htm

2 - Os Estados Partes tomam todas as medidas para proteger a criança contra qualquer forma de discriminação ou sanção baseada no estatuto jurídico, actividades, opiniões ou convicções dos pais, representantes legais declarados ou membros da sua família.

Os Estados Partes comprometem-se a assegurar a proteção e os cuidados necessários ao interesse superior da criança, tendo em conta os direitos e as responsabilidades dos pais, dos representantes legais ou de outras pessoas a quem a criança esteja legalmente confiada, e tomam todas as medidas legislativas e administrativas adequadas para o efeito.3Os Estados Partes asseguram que as instituições, os serviços e os conventos encarregados da proteção e dos cuidados das crianças cumpram as normas estabelecidas pelas autoridades competentes, nomeadamente em matéria de segurança e de saúde, no que diz respeito ao número e às qualificações do pessoal dessas instituições e asseguram uma supervisão competente.

Art. 6: (1) Os Estados Partes reconhecem o direito à vida de todas as crianças.

2. Os Estados Partes envidarão todos os esforços para garantir a sobrevivência e o desenvolvimento da criança.

Art. 12.º: 1. Os Estados Partes garantem à criança de bom senso o direito de exprimir livremente a sua opinião sobre todas as questões, tendo em conta a opinião da criança em função da sua idade e maturidade.

3. Para o efeito, deve ser dada à criança, em especial, a oportunidade de ser ouvida em qualquer processo judicial ou administrativo que lhe diga respeito, quer diretamente, quer através de um representante ou de um organismo competente, de acordo com as regras processuais

Índice

Printed by Books on Demand GmbH, Norderstedt / Germany